徐忠良 注譯
劉福增 校閱

新譯鄧析子

三民書局

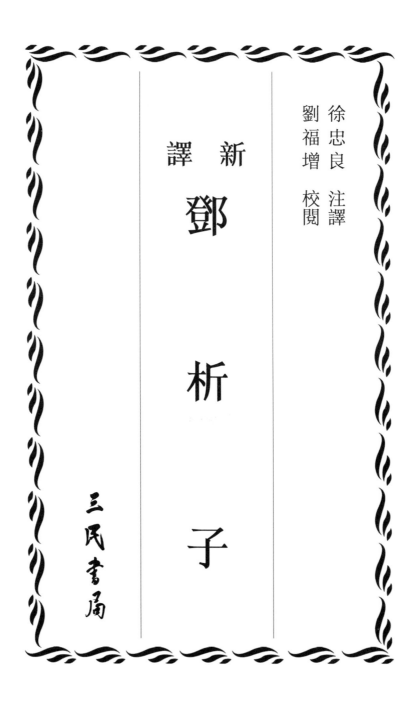

刊印古籍今注新譯叢書緣起

劉振強

人類歷史發展，每至偏執一端，往而不返的關頭，總有一股新興的反本運動繼起，要求回顧過往的源頭，從中汲取新生的創造力量。孔子所謂的述而不作，溫故知新，以及西方文藝復興所強調的再生精神，都體現了創造源頭這股日新不竭的力量。古典之所以重要，古籍之所以不可不讀，正在這層尋本與啟示的意義上。處於現代世界而倡言讀古書，並不是迷信傳統，更不是故步自封；而是當我們愈懂得聆聽來自根源的聲音，我們就愈懂得如何向歷史追問，也就愈能夠清醒正對當世的苦厄。要擴大心量，冥契古今心靈，會通宇宙精神，不能不由學會讀古書這一層根本的工夫做起。

基於這樣的想法，本局自草創以來，即懷著注譯傳統重要典籍的理想，由第一部的四書做起，希望藉由文字障礙的掃除，幫助有心的讀者，打開禁錮於古老話語中的豐沛寶藏。我們工作的原則是「兼取諸家，直注明解」。一方面熔鑄眾說，擇善而從；一方面也力求明白可喻，達到學術普及化的要求。叢書自陸續出刊以來，頗受各界的喜愛，使我們得到很大的鼓勵，也有信心繼續推廣這項工作。隨著海峽兩岸的交流，我們注譯的成員，也由臺灣各大學的教授，擴及大陸各有專長的學者。陣容的充實，使我們有更多的資源，整理更多樣化的古籍。兼採經、史、子、集四部的要典，重拾對通才器識的重視，將是我們進一步工作的目標。

古籍的注譯，固然是一件繁難的工作，但其實也只是整個工作的開端而已，最後的完成與意義的賦予，全賴讀者的閱讀與自得自證。我們期望這項工作能有助於為世界文化的未來匯流，注入一股源頭活水；也希望各界博雅君子不吝指正，讓我們的步伐能夠更堅穩地走下去。

新譯鄧析子 目次

導讀

壹　《鄧析子》其書

一、總論

《鄧析子》，相傳為春秋末期鄭國學者鄧析所著，被認為是先秦名家學派最早的著作，因而被尊為名家之祖。是書鄧析初著書四篇，西漢著名學者劉向「校除復重，為一篇。皆定殺而書可繕寫也」。劉向〈校敘〉、《漢書・藝文志》、《隋書・經籍志》、《舊唐書・經籍志》、《新唐書・藝文志》、《崇文總目》、晁公武《郡齋讀書志》、高似孫《子略》等歷代公私史志均有著錄。但今本《鄧析子》所論與《莊子》、《荀子》、《列子》、《說苑》、《呂氏春秋》諸書對鄧析及其思想的評述相去甚遠。尤其值得注意的是劉向〈校敘〉所云「其論無厚者言之異同，與《公孫龍》同類」，而今本《鄧析子》大都從政治倫理思想立論，既與惠施、公孫龍所稱無厚相當於現今數學「面」這一抽象概念之精義乖背難合，又無從考見鄧析「設無窮之辭，操兩可之說」的風采。自秦始皇兼併六國後，在先秦時期風靡一時的名辯學派頓趨衰落。此後，名辯學派歷代都受到壓制，幾成絕學。著作的散佚、錯簡、脫漏、訛誤情況十分嚴重，有的竟至於不能卒讀。自明清以來，由於實學和考據學的興起，名家著作才再度得到學者們的重視，尤其是清末民初，中國思想界空前活躍，出現了爭鳴的局面。先後有俞樾、梁啟超、唐鉞、羅根澤、伍非百、孫次舟、馬敘倫、王啟湘等學者致力於今本《鄧析子》的辨偽、整理。通過研究，學者們得出的結論大致相同，即今本《鄧析子》篇名真而文偽，乃後人「傳其旨」而「益其辭」而成，因而「頗駁雜不倫」，「其文節次不相屬，似亦掇拾之本也」。其書「經緯相類，元黃互陳，宮商迭奏，初無定質」。但其中亦不乏可取之文，「雖覺仁氣少而義氣多，然其通練精深之言，真可與申商並垂不朽」。甚至也有學者指其書間或保存著某些鄧析之思想。但學者們又幾乎公認今本《鄧析子》非鄧析所著，係後人偽託。

二、《鄧析子》的思想特色

今本《鄧析子》的思想頗為駁雜，缺乏體系，從〈無厚〉、〈轉辭〉二篇之文字、內容來分析，既有與申不害、韓非之法家思想相類的，又有與黃老道家思想相近的，但其大旨，誠如《四庫全書總目提要》所云：「主於勢，統於尊，事覈於實，於法家為近。」的確，許多章節的主旨與法家的觀點十分接近，如「循名責實，察法立威」，「故有道之國，法立則私善不行，君立而賢者不尊。民一於君，事斷於法，此國之道也」等等。

其思想特色，最鮮明的是敢言敢辯的思辯色彩，如〈轉辭〉篇「聖人以死，大盜不起」，「聖人不死，大盜不止。何以知其然？……彼竊財者誅，竊國者為諸侯。諸侯之門，仁義存焉。是非竊仁義邪？故逐於大盜，揭諸侯。此重利盜跖所不可禁者，乃聖人之罪也」，勇敢地向舊觀念、舊道德發起衝擊。同時也為新觀念、新道德的建立提供了一種可能。

其次，大量地論述了政治倫理思想，如「奉法宣令，臣之職也，下不得自擅」，「治世，位不可越，職不可亂。百官有司，各務其刑。上循名以督實，下奉教而不違。所美觀其所終，所惡計其所窮」等等，強調百官有司要各司其職，奉法宣令，不可越位越職，擅作主張。

此外，還有一些反映為百姓謀取利益而立言的，如「異同之不可別，是非之不可定，白黑之不可分，清濁之不可理，久矣」，強調要澄清是非、白黑，分清清濁。又如「勢者君之輿，威者君之策，臣者君之馬，民者君之輪。勢固則輿安，威定則策勁，臣順則馬良，民和則輪利。為國失此，必有覆車奔馬、折輪敗載之患，安得不危？」「君者，藏形匿影，群下無私。掩目塞耳，萬民恐震」，在為君王治國立論，獻策進言的同時，也從中為百姓謀取安定富足的生活立言。

三、《鄧析子》的語言特色

今本《鄧析子》的許多章節，一開頭大都運用比興手法，為其後的說理、論辯烘托氣勢，作鋪墊。如「夫舟浮於水，車轉於陸，此自然道也」，「夫木擊折轊，水戾破舟，不怨木石而罪巧拙，智故不載焉」。又如「夫川竭而谷虛，丘夷而淵實」，「夫水濁則無掉尾之魚，政苛則無逸樂之士」，這一《詩經》習用的修辭手法的運用，增強了說理的力度，而且還蘊含著相當深刻的思想。

在說理中，除運用比興手法外，還善於運用排比句，有時是一連串的排句，猶如一串串的排砲，在氣勢上壓制對方，讀來有一種酣暢淋漓之感，如「誠聽能聞於無聲，視能見於無形，計能規於未兆，慮能防於未然」，「不以耳聽，則通於無聲矣。不以目視，則照於無形矣。不以心計，則達於無兆矣。不以知慮，則合於無然矣」。又如「夫游而不見敬，不恭也。居而不見愛，不仁也。言而不見用，不信也。求而不能得，無始也。謀而不見喜，無理也」，「慮不先定，不可以應卒。兵不閑習，不可以當敵」，「夫言之術，與智者言依於博，與博者言依於辯，與辯者言依於要，與貴者言依於勢，與富者言依於豪，與貧者言依於利，與賤者言依於謙，與勇者言依於敢，與愚者言依於說」，「聖人不死，大盜不止。何以知其然？為之斗斛而量之，則并斗斛而竊之。為之權衡以平之，則并與權衡而竊之。為之符璽以信之，則并與符璽而竊之。為之仁義以教之，則并與仁義以竊之」。

此外，其語言也頗為精鍊，既言嗇意豐，又文簡理富。這是今本《鄧析子》的另一大語言特色。

四、《鄧析子》的真偽問題

㈠歷代史志著錄考察

作為先秦名家學派著作之祖的《鄧析子》，歷代史志和主要私家目錄均有著錄，有的還作了一定程度的考釋。

劉向〈校敘〉：《鄧析書》四篇，臣《敘書》一篇。凡中外書五篇，以相校除復重，為一篇。皆定殺而書可繕寫也。……

《漢書・藝文志》名家類：《鄧析》二篇。班固自注：鄭人，與子產並時。

《隋書・經籍志》子部名家類：《鄧析子》一卷。

《舊唐書・經籍志》丙部子錄名家類：《鄧析子》一卷。

《新唐書・藝文志》丙部子錄名家類：《鄧析子》一卷。

《宋史・藝文志》子部名家類：《鄧析子》二卷。

《崇文總目》：鄧析子，戰國時人。《漢志》二篇。初，析著書四篇，劉歆有目一篇，凡五，歆復校為二篇。

《通志・藝文略》名家：《鄧析子》一卷。

晁公武《郡齋讀書志》：《鄧析》二篇。……

宋濂《諸子辯》：《鄧析子》二卷，鄭人鄧析撰。

王世貞《鄧子・序》：《鄧析子》五篇。鄧析子，鄭人也。

《四庫全書總目》子部法家類：《鄧析子》一卷，周鄧析撰。析，鄭人。

從上列史志和私家目錄著錄和考證可知，《鄧析子》最早分為四篇，再加劉歆編的目錄一篇，共五篇。經劉歆校勘除去重複，定為二篇。此後，其卷帙大都作二篇一卷。而《宋史・藝文志》、宋濂《諸子辯》指為二卷，大約是將二篇各自成卷而稱的。至於王世貞《鄧子・序》稱其為五篇，則大約是追述古本之舊吧。

(二)今本《鄧析子》的真偽

關於今本《鄧析子》的真偽，自宋明以來，歷代學者均有論述，如晁公武《郡齋讀書志》、王應麟《漢書藝文志考證》就疑其為偽書：「其間鈔同他書，頗駁雜不倫，豈後人附益之歟？」《四庫全書總目提要》在考證先秦典籍時常言之有據，時有精闢至論。其所論《鄧析子》亦頗可憑信，「其文節次不相屬，似亦掇拾之本也」。通觀今本《鄧析子》全書，誠如《四庫全書總目提要》所論，其前後章節之間文意互不連屬，沒有思想上的連貫性。

但較早系統論述其為偽書的，當推明代學者楊慎。楊慎在其《鄧析子・序》中指出：「昔人謂東方曼倩學不純師，余於《鄧析子》亦云：從來虛無則老莊同化，刑名則商韓執契，經濟則敬仲持竅，飛箝捭闔則鬼谷導機，蓋悉有專門，各不相借，凜凜乎如畫界而守也。今觀是書，則經緯相類，元黃互陳，宮商迭奏，初無定質。其言神不可見，幽不可見，智者寂於是非，明者寂於去就，則《鬼谷子》家言也。其言百官有司，各務其刑，循名責實，察法立威，則商韓氏意也。其言達道者，無知之道，無能之道。聖人以死，大盜不起，則漆園語也。其言心欲安靜，慮欲深遠，尊貴無以高人，聰明無以寵人，資給無以先人，剛勇無以上人，則柱下史知雄守雌之教也。至云藏形匿影，群下無私，君人者不能自專而好任下，則智日困而數日窮，則又皆管大夫不失政柄，君臣明法之旨也。」其論今本《鄧析子》之駁雜不倫，可謂確評。當然今本《鄧析子》因襲前人典籍掇拾拼湊而成的痕跡還遠不止楊慎所指摘的《鬼谷子》、《莊子》諸家。羅根澤在《鄧析子探源》中指出八條證據，證其為偽作。而伍非百在其《中國古名家言・鄧析子辯偽》中再作系統考索，檢尋原書，列出一百二十四句，其中出於《管子》之〈白心〉、〈入國〉、〈版法〉者三條；出於《鬼谷子》之〈權〉、

〈本經〉、〈內揵〉、〈符言〉者五條；出於《淮南子》之〈主術〉、〈說林〉和《文子》之〈上德〉、〈下德〉者二條；出於《慎子・佚文》者二條；出於《莊子》之〈庚桑楚〉、〈胠篋〉者二條；出於《韓非子・佚文》者一條；出於《韓詩外傳》和劉向〈鄧析子敘錄〉者一條；出於李善《昭明文選》注引者十二條，具體篇目為：張平子〈東京賦〉、潘岳〈西征賦〉、殷仲文〈南州桓公九井作〉、王元長〈曲水詩序〉、陸士衡〈漢高祖功臣頌〉、袁彥伯〈三國名臣序贊〉、王儉〈褚淵碑文〉、沈休文〈齊故安陸昭王碑文〉、任彥昇〈齊竟陵文宣王行狀〉。可見今本《鄧析子》的駁雜混亂程度確實是難以想像的。活動在春秋末期的鄧析作為傳說中的名家之祖，怎麼可能看到戰國晚期和秦漢，乃至隋唐時期的《昭明文選》李善注等著作呢？這的確是今本《鄧析子》無法解答的問題，並且成為宋明以來晁公武、楊慎，乃至羅根澤、馬敘倫、伍非百等學者指其為偽作的重要證據。

更有甚者，近代思想界的風雲人物國學大師梁啟超，在其所作〈漢書藝文志諸子略考釋〉中甚至懷疑到古本《鄧析子》的真實性，認為古本也只不過是戰國末年之人偽託的，今本更是偽中之偽了：「全書皆膚廓粗淺，摭拾道家言，與名家根本精神絕相反。蓋唐宋後妄人所為，決非《漢志》舊本也。鄧析有無著書，本屬疑問，『無厚』『同異』諸論，皆起自《墨經》以後，疑原書已屬戰國末年人偽托，今本又偽中出偽也。」簡直全盤否定。與梁啟超觀點相類的還有孫次舟的〈鄧析子偽書考〉，認為鄧析本為鄭國一大訟師，並非名家之祖。《漢書・藝文志》著錄之《鄧析子》並非鄧析所著，「乃戰國後期，辯學大盛，辯者之徒，欲顯其學之源遠流長，以鄧析以教訟名於世，遂依托而為其書焉」。

至於古本《鄧析子》是否偽託，除梁啟超、孫次舟外，馮契主編的《哲學大辭典・中國哲學史卷》亦指其為後人偽託。不過皆未提出證據。既然廣受學人推崇和憑信的《漢書・藝文志》著錄在冊，在學者們提出可靠確實的證據之前，古本《鄧析子》的真實性尚無法予以否定。但對今本《鄧析子》真偽的評判是頗為一致的，但也有學者推測，其書間或有鄧析之思想，只是確非鄧析所著。

不過，今本《鄧析子》的篇名大約是真的，即所謂「篇名真而書偽」，不然，如果無所依傍，何從偽託呢？這一點從〈無厚〉、〈轉辭〉二篇篇名為惠施、公孫龍等名家習用之命題，而首章文旨及全篇文字與「施、龍之言迥異，頗有文不對題之嫌」來看，首章即為依題作訓，望文生義之偽造之文。因此，王啟湘等學者指其為「篇名真而書偽」及《哲學大辭典・中國哲學史卷》指今本〈無厚〉、〈轉辭〉二篇即為原書篇目之說，都是頗有道理的。

此外，今本《鄧析子》之文字雖不連犿，但碎義單辭時有可觀，警句名言雜陳其間。

㈢今本《鄧析子》出現於何時

雖然關於今本《鄧析子》不是真品而是偽作的結論，是歷代學者幾乎一致的看法。但其真本到底何時亡失？今本到底何時出現？學者們眾說紛紜，尚無定讞。細加分析，似可分如下幾說：

⑴出於晉人說

羅根澤在一九三一年所作〈鄧析子探源〉一文文末，根據《晉書・隱逸傳》之〈魯勝傳〉所錄魯勝《墨辯・敘》：「自鄧析至秦時，名家者，世有篇籍，率頗難知，後學莫復傳習，於今五百餘歲，遂亡絕。」認為真本之亡失當在魯勝之前，今本之偽託當在其後。而魯勝為西晉初年之人，「東西兩漢，經學獨尊；子學復興，乃在魏晉；下至宋齊梁陳，則又由子學復興，轉於佛學大盛。故古諸子之整理與偽造，各在魏晉兩代，宋齊則漸衰矣」，遂據以認為今本《鄧析子》為晉人之作，「竊疑鄧析之書，散佚蓋久，今本二篇，出於晉人之手，半由捃拾群書，半由偽造附會」。

(2)出於隋唐以前說

王啟湘在一九一四年所作《周秦名家三子校詮・敘》中，通過分析今本《鄧析子》三例文字深明古訓：假風為凡、假覺為較、以亂為治，認為能如此透徹地明瞭這些古訓，非近代人所能及。這裡的近代，並非我們現在通行的近代史（自清道光二十年西元一八四〇年至一九一一年辛亥革命）的近代，而是指漢語史上的近代，指隋唐以降至一九一九年五四運動。「由上各條觀之，析書雖偽，要非隋唐以前人不能為」。

(3)出於《列子》和《鬼谷子》之後說

馬敘倫在《鄧析子校錄・後序》中亦大致主晉人說，其文云：「《漢志》所錄二篇，魯勝既不得見，此為後之妄人，掇拾殘文，偽託於舊傳，故不徒勦取之失，抑且甚失其義。不然，何以與周秦人所稱並不合哉！以《序錄》及中所勦取於諸書者觀之，或且出偽《列子》和《鬼谷子》後也。」與羅根澤晉人說頗為近似。

(4)出於唐宋後妄人說

梁啟超在〈漢書藝文志諸子略考釋〉中認為「全書皆膚廓粗淺，摭拾道家言，與名家根本精神絕相反。蓋唐宋後妄人所為，決非《漢志》舊本」，進而對《漢書・藝文志》所錄古本的真實可靠性也提出了懷疑，認為鄧析有無著書，本屬疑問，並懷疑古本為戰國末年人偽託。

(5)出於南北朝人說

呂思勉在《先秦學術概論》中說：其書「辭指平近，不類先秦古書，蓋南北朝人所偽托」，因而與唐以來各書徵引大都相同。

上列五說，學者們均從各自的考釋立言，但並沒有提出多少有力證據，還脫不開推測的痕跡。

(四)古本《鄧析子》及其他名家著作亡絕的原因

先秦名家，《漢書・藝文志》所列七家三十六篇，現僅存三家，其中《鄧析子》偽，《尹文子》雜，只有《公孫龍子》五篇而已。名家學說，自鄧析以下，曾有過二百餘年的輝煌，為先秦諸子學術中大放異彩的卓犖大者，為什麼儒、法、墨、道諸家皆有篇籍留存至今，唯獨名家如斯凋零、殘破呢？對此，伍非百作了較為深入的研究。他認為，首先是因為名家理論太專門、玄虛，艱深難懂，非一般人所能了然。魯勝早就說過這樣的話：「自鄧析至秦時，名家者，世有篇籍，率頗難知，後學莫復傳習，於今五百餘歲，遂亡絕。」但最大的原因，還是統治者在政治、思想上的壓制。因為名家綜核名實，觀察精密，議論鋒銳。這在紛亂的春秋戰國諸子競起、百家爭鳴的時代，自然無妨，而且能成為其中的佼佼者，並獲得普遍尊重。但一旦天下一統，專制皇帝卻要箝制思想之自由，自漢武帝獨尊儒術、罷黜百家之後，更一切以皇帝的言行為言行，自然不能允許他們明辨是非，揭露本質，動搖人心。同時，一批所謂正統學者，也怕他們甚於洪水猛獸。專制皇帝用牢獄、捕快、刀鋸、鼎鑊對付他們，而那些所謂正統學者既辯論不過，就利用帝王的權威，以刑罰禁錮他們的思想，予以徹底封殺禁絕。伍非百的論述雖然談不上嚴密和系統，但是其論析也是頗有道理的。

貳　鄧析其人

一、鄧析的生平事蹟

鄧析（約西元前五四五～前五〇一年），春秋末期鄭國大夫，與「子產同時」，先秦名家和法家的先驅者，《漢書・藝文志》列為名家的首位。善於辯說，史稱鄧析「設無窮之辭，操兩可之說」。又精通法律，據《呂氏春秋》之〈離謂〉記載，鄧析曾教民訴訟，「學訟者，不可勝數」，「不法先王，不是禮義，而好治怪說，玩琦辭」。因不滿子產所鑄「刑書」，「數難子產之法」，並另制「竹刑」，對鄭國的舊法進行了改革，「以非為是，以是為非」，成為鄭國統治者的心腹之患，終招致殺身之禍。《列子・力命》、《荀子・宥生》、《呂氏春秋・離謂》、《說苑・指武》等所云鄧析為子產所殺的記載是錯誤的，因為據《左傳》記載：「昭公二十年子產卒，子太叔嗣為政。定公八年，太叔卒，駟歂嗣為政。明年，乃殺鄧析而用其竹刑。」殺鄧析的不是子產，而是駟歂。根據這些史料，有不少學者認為鄧析主要地不是一位名家辯者，而是一位善於訴訟的大訟師。

鄧析所制「竹刑」，雖為駟歂採用，但並未流傳下來，劉向〈鄧析子敘錄〉為我們留下了一點寶貴的記載：「竹刑，簡法也。」可惜「久遠，世無其書」，具體的條文已無從查考了。

二、鄧析與先秦名家、法家的關係

考之《漢書・藝文志》，在列於首位的《鄧析子》二篇之後，依次列有《尹文子》一篇、《公孫龍子》十四篇、《成公生》五篇、《惠子》一篇、《黃公》四篇、《毛公》九篇，共列七家。後人遂據以稱鄧析為名家之祖，伍非百在《中國古名家言》一書〈敘錄〉中，對鄧析如何被後人看作先秦重要的名家學派之祖的問題作了專門研究，認為「名家之學，始於鄧析，成於別墨，盛於莊周、惠施、公孫龍及荀卿，前後歷二百年，蔚然成為大觀，在先秦諸子學術中放一異彩，與印度的因明、希臘的邏輯，鼎立為三。其時代亦略相當。……考諸子之學，盛於戰國，而其源皆出於春秋之世。其間以儒、墨、名、法、道五家最為顯學。儒之孔子、墨之墨翟、法之管仲、名之鄧析、道之老聃，皆後世所盛稱者」。認為「自鄧析倡其形名之學，流風被於韓、趙、魏三晉者，其後商鞅、申不害皆好之，遂成法、術二家。其流入東方者，與正名之儒、談說之墨相摩盪，遂成儒墨之辯。其流入於南方者，與道家之有名、無名及墨家之辯者相結合，遂為楊墨之辯。」交光互映，前波後盪，在齊國有鄒衍、慎到，在宋國有兒說，在趙國有毛公、公孫龍、荀卿，在魏國有惠施、季真，在楚國有莊周、桓團，在韓國有韓非。表明鄧析與法家之間的關係是極為密切的，也印證了《漢書・藝文志》所論「法家者流，出於理官。名家者流，出於禮官」的論斷。對此，呂思勉在其《先秦學術概論》中又作了進一步的論述：「蓋古稱兼該萬事之原理曰道，道之見於一事一物者曰理，事物之為人們所知者曰形，人之所以稱之之辭曰名。……就世人之言論思想，察其名實是否相符，是為名家之學。持是術也，用諸政治，以綜核名實，則為法家之學。」史載鄧析既善辯說，敢言敢辯，以是為非，以非為是；又精法理，教民訴訟，為民仗義執言，集二善於一身。從他身上的確可以找到後來名家、法家思想之端緒。

三、鄧析的思想特色

由於古本《鄧析子》和其他名家著作早已亡絕，以致要研究鄧析和其他名家的思想，除僅剩可靠的《公孫龍子》五篇外，只能從散見於其他先秦諸子著作的零星記載入手。學者們大都認為，《墨子》中的〈經上〉、〈經下〉、〈說上〉、〈說下〉、〈大取〉、〈小取〉，《莊子》中的〈齊物論〉，《荀子》中的〈正名〉都是名家者流的專著。關於鄧析的思想特色，前哲雖已作了不少研究，但不僅深度不夠，而且還缺乏系統性。

雖然今本《鄧析子》間或含有鄧析的思想，但研究鄧析的思想顯然不能以今本《鄧析子》為依據。而只能依據見過古本《鄧析子》的劉向等人的評述和見諸其他先秦諸子如《荀子》之〈不苟〉、〈宥生〉、〈非十二子〉，《列子》之〈力命〉、〈仲尼〉、〈楊朱〉，《說苑》之〈指武〉、〈反質〉，《呂氏春秋》之〈離謂〉和《左傳》等典籍的記載，以及《荀子》之〈非十二子〉、〈正名〉，《莊子》之〈天下〉的述評，並參稽惠施、公孫龍的思想。因此，要系統研究鄧析的思想不是一件容易的事。但我們從前哲的研究成果中不難發現在鄧析的思想中，以下二點是比較鮮明的。

1.大無畏精神，敢言敢辯，敢於向權威人物、權威思想挑戰，敢於「不法先王，不是禮義」，敢於「以是為非，以非為是」，有一種敢於「將被顛倒的關係重新顛倒過來」的勇氣。同時充分發揮他能言善辯的特長，「設無窮之辭，持兩可之說」。這在《列子》中的〈仲尼〉、〈楊朱〉，《呂氏春秋》中的〈離謂〉等篇均有生動的記載。雖然這些記載不見得完全可信，但我們大體上可從中得見鄧析敢言善辯的風采。

2.名法思想的相兼相融，反映了當時鄭國商業社會中市民的思想特性：好智、巧法令，以是為非，以非為是。鄭國在春秋末期，商業已相當發達，《左傳》就記載了許多鄭國商人的故事，如弦高犒師，謀出晉智罃於楚等等，而《詩經・鄭風》又幾乎都是被譏為「淫詩」、「亡國之音」的愛情詩，這些正表明鄭國的商業社會特性。鄭人捨農本事商末，商人趨利，自然與農人的樸實不同，趨於「好智」、「多詐」、「巧法令」和「以是為非，以非為是」。鄧析見諸《呂氏春秋》之〈離謂〉的幾則記載，表明其思想是順應了當時鄭國的社會現實，反映了市民在國家政治、法律制度等方面的要求。鄧析反對子產的「刑書」，大約也是向「刑書」中與社會現實不相適應的條文發起挑戰，「數難子產之法」，自制「竹刑」。從「竹刑」最終被鄭國統治者採用來看，其內容大約是與當時的社會現實相符合，而且可行的。說明鄧析的思想具有貼近社會現實的市民思想特性。

通過對鄧析思想和今本《鄧析子》思想的分析，似乎兩者之間存在著一些共同點，這是不是有些學者所說的今本《鄧析子》間或有鄧析之思想呢？我們認為兩者之間可能存在著某種聯繫或某些共同點，但在現階段研究工作開展得仍不夠系統、深入的情況下，還不能作出這樣的結論。因為我們在這裡的探討是極其膚淺的，有的甚至可能是有錯誤的。對今本《鄧析子》思想和鄧析思想的分析研究，尚有待於時賢來哲付出心力和智慧進行系統的探討和研究。

參 《鄧析子》譯注說明

此次譯注《鄧析子》，採用《四部叢刊》本為底本，參酌俞樾《諸子平議補錄》卷二、羅根澤《鄧析子探源》、馬敘倫《鄧析子校錄》、伍非百〈鄧析子辯僞〉等研究著作，注意吸收前哲時賢的研究成果。

在完成了今本《鄧析子》全文譯注後，筆者附錄了一份關於鄧析學說和鄧析史實的十四則資料，以供讀者參核稽考，以獲得對於鄧析和《鄧析子》較為完整的認識。

由於今本《鄧析子》文字的錯訛、脫漏或錯簡現象都不同程度的存在著，因此，此次譯注還進行了大量的校勘工作。由於筆者學識淺薄，校點譯注中定然存在不當乃至錯誤之處，敬祈讀者諸君和方家不吝指正。

徐忠良

一九九七年七月

無厚

【題解】

〈無厚〉，今本《鄧析子》首篇，共分二十一章，約佔全書篇幅一半強。開篇首章以整章的篇幅闡述「無厚」之題旨，指證天、君、父、兄對於人、民、子、弟而言並沒有什麼恩德可言。乃是從政治倫理立論。但考之《莊子・天下》、《惠子》、《公孫龍子》、《荀子・非十二子》、《列子・仲尼》諸先秦諸子著作中有關鄧析其人和其學說的記述，所謂「無厚」，當根據惠施「無厚，不可積也，其大千里」來理解，乃是名家者流習用的名詞概念，指的是相當於現今數學「面」的一個抽象概念而已。現代著名哲學家馮友蘭先生在其名著《中國哲學史》中指出：「無厚者，薄之至也。薄之至極，至於無厚，如幾何學所謂『面』。無厚者，不可有體積，然而有面積。故可『其大千里』也。」因此，首章章旨有望文生訓，依題訓義之感。而且，在〈無厚〉中，再也找不出章旨與首章相近或相類之文字，前後互不關聯，互不統屬，似各自獨立，各自成說，因而所謂「無厚恩」之題旨實在無法涵蓋全篇各章文旨。有學者指稱其文不對題，題真而篇文偽作，是很有道理的。這一點是讀者在開卷閱讀時不可不特別留意的。

〈無厚〉和〈轉辭〉均為語錄體，言簡意賅，文字較為簡潔精煉，語言風格也較為一致。但篇內錯簡、脫漏現象不在少數，其中不少章之文字沿襲《管子》、《鬼谷子》、《淮南子》、《慎子》、《莊子》、《韓非子》等先秦典籍。

〈無厚〉的思想較為駁雜，不成體系，而且前後章大多沒有什麼思想上、邏輯上的聯繫。其中論述較多的是治國方略、等級名分以及法理觀念，反映出作者作為名家者流好辯、善辯的特性，代表著作者為下層民眾立言的政治理念和哲學思想。

雖然今本《鄧析子》被學者指為偽作，但在〈無厚〉，仍可找到許多不乏真知灼見的語錄式短語，常有令人警醒之感，如「夫水濁則無掉尾之魚，政苛則無逸樂之士。

故令煩則民詐，政擾則民不定。不治其本，而務其末，譬如拯溺錘之以石，救火投之以薪」。又如「慮不先定，不可以應卒。兵不閑習，不可以當敵」。這樣的例子還有一些，讀者不妨自己尋找。

天❶於人無厚❷也，君❸於民無厚也，父於子無厚也，兄於弟無厚也。何以言之？天不能屏勃厲之氣❹，全夭折之人❺，使為善之民必壽，此於民無厚也。凡民有穿窬❻為盜者，有詐偽相迷者，此皆生於不足，起於貧窮❼，而君必執法誅之，此於民無厚也。堯❽舜❾位為天子，而丹朱❿商均⓫為布衣⓬，此於子無厚也。周公⓭誅管蔡⓮，此於弟無厚也。推此言之，何厚之有？

【章　旨】

本章為全書首章，開篇即舉出天對於人、君對於民、父對於子、兄對於弟寡恩薄情的幾個事例來論列本篇的篇旨「無厚」。不過，本章所述之「無厚」並非鄧析原意之「無厚」，只不過是今本《鄧析子》作偽者對鄧析和鄧析之後一些名家關於「無厚」這一哲學命題所作的望文生義的臆解。

【注　釋】

❶天　指人們想像中主宰萬事萬物的主宰者。天，天帝。

❷無厚　謂沒有厚度。此言沒有什麼恩德。所謂「有厚」、「無厚」乃是鄧析及其後先秦名家的重要觀點，是關於有無「極微」和「無窮大」、「無窮小」等問題的哲學命題，與「堅白」之說並稱。今本《鄧析子》之論與此風馬牛不相及。

❸**君** 謂人間的君主、君王。

❹**屏勃厲之氣** 謂屏除因天時不合而引起的疾疫。屏，屏除；排除。勃，通「悖」。悖逆。此言不合天時。厲，通「癘」。災疫。

❺**全夭折之人** 《昭明文選》卷五九〈齊故安陸昭王碑文〉李善注作「令夭折之人更生」。全，形容詞使動用法。謂使……得到保全。

❻**穿窬** 謂偷盜行為。穿，穿壁。窬，越牆。

❼**貧窮** 謂貧苦窮困，與富貴相對。貧，專指缺乏財物。窮，專指生活無著落，前途無出路。

❽**堯** 傳說中父系氏族社會後期部落聯盟領袖陶唐氏。名放勛，史稱唐堯。相傳開創推選部落聯盟領袖的禪讓制度，禪位於舜。一說：堯晚年德衰，為舜所囚，帝位也被舜奪去。

❾**舜** 傳說中父系氏族社會後期部落聯盟領袖。姚姓，有虞氏，名重華，史稱虞舜。相傳舜繼堯位後，也禪位於治水有功的禹。一說：舜晚年被禹放逐，死於南方的蒼梧。

❿**丹朱** 帝堯之子，名朱。相傳堯因其不肖，禪位於舜。因曾被封於丹淵，故號丹朱。

⓫**商均** 帝舜之子，名均。相傳舜亦因其不肖，禪位於禹。因曾被封於商，故號商均。《史記・五帝本紀》：「堯子丹朱，舜子商均，皆有疆土，以奉先祀。服其服，禮樂如之。以客見天子，天子弗臣，示不敢專也。」

⑫**布衣** 平民百姓。謂沒有做官的人。

⑬**周公** 西周初年攝政，姬姓，名旦，周武王姬發弟，因其采邑在周（今陝西岐山縣北），故稱周公。周武王死後，因繼立的成王年幼，任為攝政。兄弟管叔、蔡叔不服，聯合霍叔、武庚起兵叛亂，被周公平定。管叔被殺，一說自殺；蔡叔被放逐。

⑭**管蔡** 謂周武王弟管叔、蔡叔。二人均為西周初三監之一。管叔，一作關叔，姬姓，名鮮。蔡叔，名度。武王滅商後，一封於管（今河南鄭州），一封於蔡（今河南上蔡），故稱管叔、蔡叔。

【語　譯】

天帝對於人類來說，沒有什麼恩德，君王對於百姓來說，也沒有什麼恩德，父親對於自己的子嗣來說，也沒有什麼恩德，兄長對於弟弟來說，也沒有什麼恩德。為什麼這樣說呢？因為天帝並不能夠屏除因天時不合而驟發的疾疫，使將要夭折的人得到保全，使行善之人必定得到長壽，這就是天帝對人類並沒有什麼恩德啊。凡百姓有穿壁越牆，犯下偷盜行為的，或使用欺詐手段行騙的，都導因於他們的貧困艱難，物質匱乏，而君王必定要依法逮捕，並且誅殺他們，這就是君王對百姓並沒有什麼恩德啊。堯舜貴為天子，而他們的兒子丹朱、商均卻都只是平民，這就是君王對自己的子嗣沒有什麼恩德啊。周公誅殺管叔、蔡叔，這就是兄長對自己的親弟弟沒有什麼恩德啊。以此推而言之，有什麼恩德呢？

循名責實❶，君之事也。奉法宣令❷，臣之職❸也。下不得自擅❹，上操其柄❺，而不理者未之有也❻。君有三累❼，臣有四責❽。何謂三累？惟親所信，一累；以名❾取士，二累；近故親疏❿，三累。何謂四責？受重賞而無功，一責；居大位⓫而不治，二責；為理官而不平⓬，三責；御軍陣而奔北⓭，四責。君無三累，臣無四責，可以安國⓮。

【章旨】

本章具體闡述君王三累、臣下四責，提出只要君臣上下，各守名分，各司其職，或循名責實，或奉法宣令，避免三累、四責，那麼國家就一定能得到很好的治理。

【注釋】

❶循名責實　根據敘說的情況，索求實際內情。循，循著；依照。名，敘說的情況。責，要求；索求。

❷奉法宣令　謂遵奉國家的法律，宣示國家的政策、法令。宣，宣示；宣傳。

❸職　職責。

❹下不得自擅　謂臣下不可以超越權限，擅作主張。下，臣下。

❺上操其柄　謂君王操縱權柄，發號施令。操，操縱；掌握。

❻未之有也　古漢語語法，否定句中賓語前置句式，意即「未有之也」。表示委婉的強調。

❼累　憂患；負擔。

❽責　罪責。

❾名　名望；名聲。

❿近故親踈　親近、相信故舊和遠族疏親。

⓫大位　高位；高官。

⓬為理官而不平　謂身為掌管司法事務的官員而處事不公平。為，底本脫，校《意林》、《太平御覽》二本均有此字，又據本章「四責」句式，當補。理官，指掌管司法事務的官員。

⓭御軍陣而奔北　謂統軍出征，戰敗而逃。御，統率；指揮。軍陣，引申為戰爭、戰役。奔北，逃跑。

⓮可以安國　《太平御覽》本作「可謂安國家也」。

【語譯】

根據所敘說的情況去索求真實的內情，是君王的事務。奉守國家法律，宣示政策、法令，是臣下的職責。臣下不超越權限，君王掌握權柄，而國家卻得不到治理，這是從來沒有過的。君王有三大憂患，臣下有四大罪責。什麼是三大憂患呢？只信任親近的人，這是第一大憂患；據名望取材，這是第二大憂患；親近故舊疏族遠親，這是第三大憂患。什麼是四大罪責呢？身受豐厚的賞賜而不能建功，這是第一大罪責；身居高位而不能治理國家，這是第二大罪責；身為掌管司法事務的官員而處事不公，這是第三大罪責；身為統帥，戰敗逃跑，這是第四大罪責。君王沒有了這三大憂患，臣下沒有這四大罪責，就可以安邦治國。

勢者君之輿，威者君之策，臣者君之馬，民者君之輪❶。勢固則輿安，威定則策勁❷，臣順❸則馬良，民和❹則輪利❺。為國失此，必有覆車奔馬、折輪敗載之患，安得不危❻？

【章 旨】

本章運用比喻手法，將君王的權勢、權威和臣下、百姓比作馬車、馬鞭和馬匹、車輪。進而將馬車比作國家，把馬車的運行比作國家的治理。通過比喻，著重說明了要想馬車走得穩，國家得到很好的治理，馬良輪利，臣順民和固然是必須的，但馬車的駕御者和國家的統治者——君王的勢固、威定亦是必要的條件。只有兩者互相協調，才能做到馬車平穩，國家治理，不然就會遇到危險。

【注 釋】

❶勢者君之輿四句　此四句為本章要旨所在。作者運用比喻的手法，將君王的權勢、權威和臣

下、百姓分別比作馬車、馬鞭和馬匹、車輪。同時又將馬車比作國家，把馬車的運行比作國家的治理。「勢者君之輿」二句《韓非子・佚文》作「勢者，君之馬也。威者，君之輪也」。勢，權勢。指君王的權勢。輿，車乘；馬車。威，權威。指君王的權威。策，馬鞭。

❷**勁** 堅強有力。

❸**順** 馴順；順從。

❹**和** 和順。

❺**輪利** 車輪轉動順利。

❻**為國失此三句** 《韓非子・佚文》作「為國有失於此，覆輿奔馬，折策敗輪矣。輿覆馬奔，策折輪敗，載者安得不危?」又，《意林》本「為國失此」作「治國者失此」；「折輪敗載」作「折策敗輪」。按：「安得不危」前似當補「載者」二字。「覆車奔馬、折輪敗載之患」句，謂有乘輿傾覆，馬匹奔逃，車輪折損，無法載乘的危險。亦即會有國家傾覆，百姓造反的危險。

【語譯】

權勢是君王的乘輿，權威是君王的馬鞭，臣下是君王的馬匹，百姓是君王的車輪。權勢穩固，則乘輿安穩，權威穩定，則馬鞭堅強有力，臣下馴順，則馬匹溫良，百姓和順，則車輪轉動順利。君王治理國家如果失去這四者，則必然會有乘輿傾覆，馬匹奔逃，車輪折損，無法乘載的危險。駕御乘輿的君王怎麼可能不會遇到危險呢？

異同之不可別，是非之不可定，白黑之不可分，清濁之不可理❶，久矣。誠聽能聞於無聲，視能見於無形，計能規❷於未兆，慮能防於未然❸，斯無他也。不以耳聽❹，則通於無聲矣。不以目視，則照❺於無形矣。不以心計，則達於無兆矣。不以知慮，則合於無然❻矣。君者，藏形匿影❼，群下無私。掩目塞耳，萬民恐震。

【章旨】

論述用心諦聽、觀察、計議、思慮能夠達到燭照無聲、無形、未兆、未然的境界，說明為君者，要注意藏形匿影，對國家大事要盡心盡職地去諦聽、觀察、計議和思慮，不要草率決斷。不然，就會萬民恐震，天下大亂。

【注釋】

❶理　剖析；分解。指將清、濁分解開來。

❷規　通「窺」。窺測；發現。

❸然　一說當作「朕」，形近而訛。朕，縫隙。義亦通。

❹不以耳聽　謂不單單依靠耳朵去諦聽。其下「不以目視」、「不以心計」、「不以知慮」，句式與此同。

❺照　燭照。謂明明白白地發現。
❻合於無然　義同「防患於未然」。
❼藏形匿影　收斂；不直率；有城府。謂注意用心去聽、視、計、慮，不輕率地發號施令。

【語譯】

異同之不可辨別，是非之不可確定，白黑之不可分別，清濁之不可分離，由來已久了。專心諦聽能夠聽到沒有聲音的聲音，專心觀察能夠看到沒有形體的形體，專心計議能夠發現尚沒有徵兆的徵兆，專心思慮能夠防患於未然，做到這些是沒有什麼奇怪的。不僅僅依靠耳朵去聽，所以能聽到沒有聲音的聲音。不僅僅依靠眼睛去觀察，所以能明白看到無形的形體。不僅僅依靠心去計議，所以能達到洞察無徵之兆。不僅僅依靠頭腦去思慮，所以能夠防患於未然。君王，如果藏形匿影，那麼群臣、百姓就沒有私心。如果掩目塞聽，那麼萬民就會恐震、害怕。

循名責實，察法立威❶，是明王❷也。夫明於形者，分不遇於事❸。察於動者，用不失則利❹。故明君審一❺，萬物❻自定。名不可以外務❼，智不可以從他❽，求諸己之謂❾也。

【章旨】

作者從「明於形者，分不遇於事」、「察於動者，用不失則利」入手，強調既不做職責範圍之外之事，不越權行事，又不盲從他人，而要多留意於求之於自身。既恪守職責，又發揮自己的才幹。

【注釋】

❶察法立威　《太平御覽》卷六二〇引作「案法立成」。謂考察、細究國家法律的執行情況，樹

立威望。

❷明王 一本作「明主」。

❸明於形者二句 謂明白、了解事情的經過、始末的人，恪守職分，不越權行事。形，事物的形態。此喻事情的經過狀況。遇，疑作「過」。

❹察於動者二句 謂細察事物變動經過的人，適度地實行根據事物變動狀況而制定的政策、法令，那麼就會對國家有利。用，施行；施用。不失，即不失其度。謂恰當、恰如其分。則，一本作「於」。

❺審一 謂明君行為審慎，前後一致。

❻萬物 借指天下百姓。

❼外務 分外之事。指職責範圍之外的事。

❽從他 盲目聽從他人意見。謂沒有自己的主見。

❾求諸己之謂 這是說要注意求之於自身啊。意謂既要「明於形」、「察於動」，又要恪守職分，不越權行事，而又不盲從他人。

【語譯】

依循敘說的情況，去探求實情，細察法律的執行，樹立威望，稱得上是聖明的君王。明白實情的人，不越權行事。細察事物變遷的人，應用不錯失，因而有利國家。所以聖明的君王行為審慎，前後一致，因此天下百姓自然安定。有名望的人恪守職分，不越權行事，有智慧的人不隨便聽從他人意見。這是要注意求之於自己的意思。

治世❶，位不可越，職不可亂。百官有司，各務其刑❷。上循名以督實，下奉教❸而不違❹。所美觀其所終，所惡計其所窮❺。喜不以賞，怒不以罰。可謂治世。

【章　旨】

論「治世」，應當達到「不僭越名位，不混亂職責，百官有司，各司其職，各務其務，上為上，下為下，寬以待人」的境界，方可謂之治世。

【注　釋】

❶**治世**　指得到很好的治理，政治昌明，人民安居樂業，安定有序的國家。

❷**刑**　通「形」。指形形色色、各種各樣的工作、事務。

❸**奉教**　遵奉君王的教誨。此言遵奉君王的命令。

❹**違**　諸本均作「違」。此處作「達」，文不成辭，當據改。

❺**所美觀其所終二句**　《管子・版法》作「舉所美必觀其所終，廢所惡必計其所窮」。計，預計；預見。窮，盡頭。此言最後的結局。

【語譯】

所謂治世，名位不可僭越，職責不可混亂。百官有司，各盡其職。君王依循敘說的情況，監督實情，臣下遵奉君王的教令，而不違抗。發現美好的現象，樂觀其善終，看到醜惡的現象，預見其結局。喜歡的不予獎賞，憤怒的不加懲罰。方可稱之為治世了。

夫負重者患塗❶遠，據貴者憂❷民離。負重塗遠者，身疲而無功。在上離民者，雖勞而不治。故智者量塗而後負，明君視民而出政。

【章旨】

作者從「負重者患塗遠，據貴者憂民離」的心理立論，闡述應量塗而後負，視民而出政，以避免「身疲而無功」和「雖勞而不治」後果的道理。

【注 釋】

❶塗 通「途」。路途。

❷憂 一本作「患」。

【語 譯】

背負重物的人擔心路途遙遠，身居高位的人擔心百姓離己而去。身負重物而路途遙遠的人，因身體疲憊而不能竟功。身居高位而百姓離他而去的人，雖然辛勞但無法治理。因此，聰明的人計量路途的遠近再來決定背負的重量，聖明的君王會根據百姓的情形再來制定政策。

獵羆虎者，不於外圂❶。鉤鯨鯢者，不居清池❷。何則？圂非羆虎之窟也，池非鯨鯢之泉也❸。楚之不泝流❹，陳之不束麾❺，長盧之不士，呂子之蒙恥❻。

【章　旨】

通過不從豬犬之屬獵取熊羆猛虎，不從淺池之中釣取巨大的鯨鯢，以及楚不溯流，陳不束麾，長盧不仕，呂子蒙恥諸事例，闡述應因事制宜，不作不可為之事的道理。

【注　釋】

❶獵羆虎者二句　《太平御覽》卷九三八作「獵猛虎者，不於後圂」。羆，熊的一種。圂，通「豢」。

豬、犬。不於外圂，指不在豬、犬之屬中獵取熊羆猛虎。

❷**鈎鯨鯢者二句**　謂鯨鯢不可從清淺的水池中去釣取，而應從淵深的大海中去釣取。鈎，一本作「釣」。鯨鯢，海中的鯨類。《左傳・宣公十二年》：「古者明王伐不敬，取其鯨鯢而封之，以為大戮。」孔穎達疏引裴淵《廣州記》云：「鯨鯢長百尺，雄曰鯨，雌曰鯢。」居，一本作「於」。

❸**圂非羆虎之窟也二句**　《太平御覽》卷九三八作「園非虎處，池非鯨淵」。「泉」，似當據《太平御覽》本改為「淵」。底本改「淵」為「泉」，乃避唐高祖李淵名諱而來。當予恢復。圂，豬圈。

❹**泝流**　溯流；逆流而上。

❺**束麾**　謂捆住指揮軍隊進止的旗幟。

❻**長盧之不士二句**　謂長盧有自知之明，不肯出仕為官，而呂不韋棄商從政後，又居功自傲，不自量力，最終落得蒙受恥辱的下場。長盧，楚國人。《史記・孟子荀卿列傳》云：「楚有尸子、長盧。」《漢書・藝文志・諸子略》道家類著錄《長盧子》九篇，注云：楚人。《史記》以長盧與公孫龍、劇子、李悝等戰國時人並列，則長盧亦當為戰國時人。但長盧具體的生平事蹟無考。士，通「仕」。出仕為官。呂子，即呂不韋（？～前二三五年）。戰國末年衛國濮

陽（今河南濮陽西南）人。據《史記・呂不韋列傳》和《戰國策》記載，呂不韋原在韓國陽翟（今河南禹州）經商，因獻計使子楚繼位為莊襄王，呂不韋即被任為相國，封文信侯，至秦王政立，仍繼任相國，號稱「仲父」，功勳卓著，顯赫當世。相傳秦王政為呂不韋私生子，後呂不韋又穢亂宮闈。秦王政親政後，大為震怒，下令革去職位，逐出咸陽，遷居封地河南。一年後再遷蜀郡，呂不韋又憂又懼，於途中飲鴆自盡。

【語譯】

欲獵取熊羆猛虎，不應到豬犬之屬中去獵取。欲釣取巨鯨大鯢，不應從清淺的水池中去釣取。為什麼呢？因為豬圈狗窩不是熊羆猛虎棲身的洞窟，清淺的水池也不是巨鯨大鯢生活的淵海。因此，楚國不作逆流之事，陳國不肯收束指揮的旗幟，長盧不願出仕當官，呂不韋不自量力，反而遭受恥辱。

夫游而不見敬❶，不恭也。居而不見愛，不仁也。言而不見用，不信也。求而不能得，無始❷也。謀而不見喜，無理也。計而不見從，遺道❸也。因勢而發譽❹，則行等而名殊。人齊而得時，則力敵而功倍❺。其所以然者，乘勢之在外也❻。

【章　旨】

通過對游而不見敬，居而不見愛，言而不見用，求而不能得，謀而不見喜，計而不見從諸事例的分析評判，說明因勢發譽和人齊得時的重要性。

【注　釋】

❶**游而不見敬**　與其下「居而不見愛」、「言而不見用」、「謀而不見喜」、「計而不見從」諸句句式相同，均為被動句。謂游學之時不被敬重。游，游歷；游學；游說。特指以所學游說諸侯，

求取官職。春秋戰國時代此類「游學」之士頗多。

❷無始　疑當作「無媒」，以與下句「無理」相對。屈原〈離騷〉云：「理弱而媒拙兮，恐導言之不固。」媒、理，均指居間紹介之人。

❸遺道　失道。其句式與其前「不恭」、「不仁」、「無始」、「無理」同。遺，缺少；缺失。

❹因勢而發譽　謂順著情勢的發展而發出支持讚美之聲。

❺力敵而功倍　謂用力與彼相當而能收事半功倍之效。

❻也　此字底本原無，依本章前述諸句句式及本句語氣，當據補。

【語譯】

游學不受尊敬，是對士人不恭。安居不受保護，是對子民不仁。發言而不被採用，是對人不信任。要求而不能得到，是沒有紹介之人。獻謀不被採納，是沒有居間之人。獻計而不被聽從，是失道。順勢而發出讚美之聲，則雖然做得與別人一樣卻獲得殊榮。人心齊而得天時，則用力與他人相同，卻收到加倍的功效。所以能這樣，是因順勢並利用外在條件啊。

推辯說，非所聽也。虛言向❶，非所應也。無益治亂，非所舉也❷。故談者❸，別殊類使不相害，序❹異端❺使不相亂。諭志通意，非務相乖也。若飾詞以相亂，匿詞以相亂移❻，非古之辯也。

【說明】

本章文字為古代名家正名派反對詭辯派所常見，如鄒衍對公孫龍之語。劉向《別錄》和韓嬰《韓詩外傳》中均保有此文。本章所云意趣與傳說中鄧析的思想正好相反，而恰恰與反對鄧析思想的《荀子・正名》之說頗相類。疑本為荀卿之說。韓嬰為荀卿再傳弟子，《韓詩外傳》所言殆本荀子之教也。本章文字疑係作偽者鈔掇其語，混合雜湊而成，卻不料剛好弄錯了鄧析的思想宗派，其謬誤不言自明。茲錄劉向《別錄》

和《韓詩外傳》關於鄒衍與公孫龍對話的文字如下：

劉向《別錄》：「齊使鄒衍過趙平原君，見公孫龍及其徒綦母子之屬，論白馬非馬之辨，以問鄒子。鄒子曰：『不可，彼天下之辨有五勝三至，而辭正為下。辨者，別殊類使不相害，序異端使不相亂。抒意通指，明其所謂，使人與知焉，不務相迷也。故勝者不失其所守，不勝者得其所求。若是，故辨可為也。及至煩文以相假，飾辭以相悖，巧譬以相移，引人聲使不得及其意，如此，害大道。夫繳紛爭言而競後息，不能無害君子。』坐皆稱善。」

韓嬰《韓詩外傳》：「天下之辯，有三至五勝，而辭置下。辯者，別殊類使不相害，序異端使不相悖，輸公通意，揚其所謂，使人預知焉，不務相迷也。是以辯者，不失所守，不勝者，得其所求，故辯可觀也。夫繁文以相假，飾辭以相悖，數譬以相移，外人之身，使不得反其意，則論便然後害生也。夫不疏其指而弗知謂之隱，外意外身謂之諱，幾廉倚跌謂之移，指緣謬辭謂之苟，四者所不為也。故理可同覩也。夫隱諱移苟，爭言競為而後息，不能無害其為君子也。故君子不為也。《論語》曰：『君子於其言，無所苟而已矣。』《詩》曰：『無易由言，無曰苟矣。』」

【章旨】

論述古之辯說之道：「別殊類使不相害，序異端使不相亂」，提倡真正意義上的辯說，反對「飾詞以相亂，匿詞以相亂移」的詭辯。

【注釋】

❶虛言向　疑當作「虛言問」。謂推問無關實際的虛妄之言。

❷無益治亂二句　「治」、「所」二字底本原無，「無益亂，非舉也」文不成辭，疑有脫漏，據上文例，補「治」、「所」二字，即為「無益治亂，非所舉也」。謂無益於國家治理之言，不是應當言說的。《尹文子》云：「有理而無益於治者，君子弗言。」《莊子‧天下》云：「言之無益於治者，君子不言，以為明之不如其已。」

❸談者　猶言論者。指真正意義上的辯說者、辯論者。

❹**序**　次序；次第。引申為按次序區分、排列。

❺**異端**　異端邪說。指與自己一派的學說、思想相對立的思想理論。

❻**相亂移**　疑「亂」字為涉上句而誤衍，當刪。相移，與本句「匿詞」相呼應。指在辯論中藏匿關鍵語詞，移用概念。為詭辯論者之慣用法。

【語譯】

推演辯說，不是應當聽聞的。虛言發問，不是必須回應的。無益國家治理之言，不是應當言說的。因此，真正的論辯者，區別不同類別，使互不相害，區分異端，使互不混亂。明志達意，不作乖違之論。如果以掩飾之詞，以使辯論發生混亂，如果藏匿關鍵詞句，偷換概念，那就不是古代真正意義上的辯論者。

慮❶不先定，不可以應卒❷。兵不閑習❸，不可以當敵。廟算❹千里，帷幄❺之奇，百戰百勝，黃帝❻之師❼。

【章 旨】

要想戰無不勝，必須兵士嫻習戰陣，謀略先定，君王、將帥運籌帷幄，決勝千里，方能百戰百勝，如黃帝之師。尤其突出了謀略和運籌帷幄以及兵士嫻習在戰爭中的重要作用。

【注 釋】

❶**慮** 思慮。此指制定對付敵方的戰略戰術以及計謀。

❷**應卒** 應付突發事件。卒，通「猝」。突然。

❸**閑習** 《意林》本作「預整」。謂熟習、熟練。閑，通「嫻」。熟習。《戰國策・燕策二》云：「閑於兵甲，習於戰攻。」

❹**廟算** 廟堂之上的策劃、算度。指朝堂、君王的重大決策。《孫子・計》云：「夫未戰而廟算

勝者，得算多也；未戰而廟算不勝者，得算少也。」張預注云：「古者興師命將，必致齋於廟，授以成算，然後遣之，故謂之廟算。」

❺**帷幄**　君王決策之處或將帥的幕府、軍帳。前句已云君王廟算，此處當指將帥指揮若定，胸有成竹。《漢書．張良傳》有云：「運籌帷幄之中，決勝千里之外，子房之功也。」

❻**黃帝**　傳說中中華民族的共同祖先。姬姓，號軒轅氏、有熊氏，少典之子。相傳他得到各部族擁戴，在阪泉（今河北涿鹿東南）打敗炎帝。後又率各部在涿鹿（今屬河北）擊殺蚩尤，遂被推為部落聯盟首領。係見之於明確文獻記載的傳說中的五帝之一。相傳許多發明創造，如養蠶、造舟車、文字、音律、醫學、算學等均始於黃帝時期，是中華文明之源。此外，《黃帝內經》一書，根據現代學者研究考證，係託名黃帝與岐伯、雷公等討論醫學的著作。

❼**師**　軍隊，如正義之師、威武之師。

【語　譯】

思慮不先想定，就不可以應付突發的事件。兵士不熟習戰陣，就不可以抵擋敵軍。

廟堂有遠大的策略，將帥有出奇的指揮，百戰百勝，這就是黃帝之師。

死生自命，貧富自時❶。怨夭折者，不知命也。怨貧賤者，不知時也。故臨難❷不懼，知天命也。貧窮無懾❸，達時序❹也。

【章旨】

提出「生死由命，貧富在天」的看法，認為只要懂得命運和時序在人們生死、貴賤中的作用，就不會怨恨夭亡，害怕貧窮。

【注釋】

❶死生自命二句　謂死生由命，貧富由時。自，源自；取決於。命，命運。時，時機。

❷難　一本作「敵」。

❸貧窮無懾　謂貧窮而不畏懼。懾，恐懼；害怕。

❹達時序　謂懂得時運未到。達，通達；懂得。時序，時運的次序。

【語譯】

人的生死取決於命運，貧賤和富貴取決於時運。埋怨夭折的人，不知道命運。埋怨貧賤的人，不知道時運。因此，面對危難而不畏懼，是因為知道天命。身處貧賤而不害怕，是因為通達了時運次序。

凶饑之歲❶，父死於室，子死於戶❷，而不相怨者，無所顧也❸。

同舟渡海❹，中流遇風，救患若一，所憂❺同也。張羅而畋❻，唱和❼不差者，其利等❽也。故體痛❾者，口不能不呼。心悅者，顏不能不笑。責疲者以舉千鈞，責兀者❿以及走兔⓫，驅逸足於庭⓬，求猨⓭

捷於檻⑭，斯逆理而求之，猶倒裳而索領也⑮。

【章　旨】

通過例舉凶饑之歲和同舟渡海以及張羅而畋的三個事例，論述人們處在同樣的處境和其有共同的利益之下，不會互相怨懟，而只會齊心協力，共赴危難的觀點。指出萬萬不可違逆事理，不然就難逃「倒裳索領」之譏。

【注　釋】

❶**凶饑之歲**　謂凶年饑歲、災荒的年頭。凶，年成不好。饑，災荒。《墨子・七患》：「五穀不收謂之饑。」

❷**子死於戶**　一本作「子死戶外」。戶，門戶；門口。

❸**無所顧也**　謂已無法顧及。指無法收屍掩埋。

❹**同舟渡海**　《意林》本作「同船涉海」。又，《北堂書鈔》卷一三七、《藝文類聚》卷七一、《太平御覽》卷七六八並作「同舟涉海」，唯《昭明文選・贈文叔良詩》注，引作「同舟渡海」。

❺**憂**　一本作「患」。

❻**張羅而畋**　謂張開羅網狩獵。羅，羅網。畋，狩獵；田獵。

❼**唱和**　歌唱時此唱彼和。此指狩獵時行動上互相協調。

❽**等**　《意林》本作「同」。

❾**痛**　《意林》本作「病」。

❿**兀者**　受過斷足之刑的人。古代斷足之刑分斷足和去趾兩種。

⓫**走兔**　猶言「動如脫兔」，謂如脫兔般奔跑。

⓬**驅逸足於庭**　謂迫使在朝堂之上快步奔跑。驅，驅使；迫使。逸足，快步奔跑。庭，廳堂。此指朝堂。朝堂為莊嚴肅穆之處，行為不應如在野外般不受拘束。

⓭**猨**　即猿猴。

⓮**檻**　指關猿猴的籠子。

⓯**也**　此字底本原無，據《太平御覽》卷七六八補。

【語譯】

凶荒之年，父死於內室，子死於門口，而不相互埋怨，是因為已經無法互相顧及了啊。同船渡海，中途遭遇大風，大家都能一起救難，是因為大家擔憂的是相同的啊。張開羅網狩獵，大家動作協調，沒有差別，是因為利益均等的啊。因此，身體疼痛的人，嘴不能不呼叫。心中喜悅的人，顏面不能不露出笑容。責求疲憊的人，力舉千鈞之重，責求受過斷足之刑的人如脫兔般奔跑，驅使人在朝堂上隨意奔走，責求關在籠子裡的猿猴快速奔跑，這是違逆事理的，就像倒轉衣裳索求衣領。

事❶有遠而親，近而疏，就而不用，去而反求。風❷此四行，明主大憂也。

【章　旨】

通過對看似矛盾的「遠而親，近而疏，就而不用，去而反求」四事例的論列，提醒聖明的君主要加以警覺。本章文字簡煉，卻極有哲理，發人深省。

【注　釋】

❶事　世間之事啊。含有發感慨之意。

❷風　一本作「凡」。此處作「風」，不文，當據改。伍非百〈鄧析子辯偽〉云：「蓋風與凡，古音同。《中庸》：『知風之自』，俞樾校作『知凡之目』，是其證。」

【語　譯】

世間之事啊，有相距遙遠而感覺親近的，有近在咫尺而感覺疏遠的，有趨就而不被任用的，有離開而被求回的。這四種行為，是聖明君王的大憂患啊。

夫水濁則無掉尾之魚❶，政苛則無逸樂❷之士。故令煩則民詐，政擾則民不定。不治其本，而務其末，譬如拯溺錘之以石，救火投之以薪❸。

【章旨】

從水濁無魚，政苛無逸樂之士，和政令煩擾則民眾詐偽的現象入手，指出應當避免不治其本，只務其末的不智之舉，不然就難免做出拯救溺水之人反而落井下石，去撲滅烈火反而投之以柴薪的蠢事。

【注釋】

❶**掉尾之魚** 指在水中神情悠閑，搖頭擺尾，逸然自樂的魚。掉，搖擺魚尾。

❷**逸樂** 安逸快樂。

❸**拯溺錘之以石二句** 《太平御覽》卷五二〇、《藝文類聚》卷八〇引作「拯溺而硾之以石，救火而投之以薪」。錘，似當據而改作「硾」。《呂氏春秋．勸學》有云：「是拯溺而硾之以石也。」

【語譯】

河水混濁就沒有搖頭擺尾的魚，政治苛刻就沒有逸樂之士。因此，政令煩出，百姓就變得狡詐，政治紛擾，百姓就不安定。不從根本上去治理，而處理枝微末節，就譬如去拯救溺水之人反而落井下石，去撲滅烈火反而投之以柴薪。

夫達道❶者，無知之道也，無能之道也。是知大道不知而中，不能而成，無有而足，守虛責實而萬事畢。忠言於不忠，義生於不義。音而不收❷，謂之放言❸；出而不督❹，謂之闇❺。故見其象，致其形；循其理，正其名；得其端，知其情。若此，何往不復？何事不成？有物者，意也；無外者，德也；有人者，行也；無人者，道也。故德非所履，處非所處，則失道。非其道不道，則諂意無賢❻。慮無忠，行無道，言虛如受實❼，萬事畢。

【章旨】

達道乃是常人熟知的通達事理之道，是「無知之道」、「無能之道」。懂得這一點，就能守虛責實，辦好萬事。不然，德非所履，處非所處，思慮沒有忠心，行為不合道德，言虛受實，不辨真偽，萬事俱休了。

【注釋】

❶達道　通達事理之道。謂其「道」本身即源出事理，是人們日常生活中熟知的事理，因而要懂得「道」，不需要特意去了解，不需要具有特別的本領。
❷音而不收　謂發表意見，滔滔不絕，不加收斂。音，聲音。此之謂發表意見。
❸放言　放縱之論。
❹出而不督　謂遣師出征而不加監督。出，出師；派遣軍隊出征。
❺闇　暗昧。
❻諂意無賢　完全惡意的諂言。諂，曲意逢迎。
❼言虛如受實　謂言語虛假卻當作真實，全盤接受。

【語譯】

通達事理之道，是不需要刻意去了解的「道」，不需有特別本領去了解的「道」。這是說要懂得達道，不特意去了解反而了解，沒有特別的才能反倒把事情辦成，不具有反而滿足，守住虛懷責求實際，萬事完成。忠是相對於不忠而說的，義是相對於不義產生的。發言而不加收斂，稱之為放縱之論；出征而不加督責，稱之為暗昧。因此，要看其真相，窮究其形勢；能遵循其事理，端正其名義；能獲得其端倪，知道其真情。如果這樣，有什麼地方不能往復呢？有什麼事情不能成功呢？有真實，是誠意；沒有外表，是德性；有人形體的地方，有行為；無人形體的地方，有道德。因此，道德沒有去履行，處理不需要處理的，就失道。非難真正的道不符合「道」，是惡意的諂言。思慮沒有忠心，行為不符合道德，言語虛假卻信以為真，就萬事俱休了。

夫言榮不若辱，非誠辭也。得不若失，非實談也。不進則退，不喜則憂，不得則亡，此世人之常。真人危斯十者而為一矣。所謂大辯者，別天下之行，具天下之物，選善退惡，時措其宜，而功立德至矣。小辯則不然，別言異道，以言相射❶，以行相伐❷，使民不知其要。無他故焉，故淺知也。君子并物而錯❸之，兼塗而用之，五味❹未嘗而辨於口，五行❺在身而布於人。故何方之道不從，面從之義不行，治亂之法不用。惔然寬裕，蕩然簡易，略而無失，精詳入纖微也。

【章旨】

從淺近的常理「不進則退，不喜則憂，不得則亡」入手，著重探討「大辯」、「小辯」和「君子之辯」的區別，提倡「大辯」和「君子之辯」，指出這樣就能功立德至，在辯論中從容不迫，明白易懂，並且嚴密精詳入纖微，臻於辯之極至。而在「大辯」和「君子之辯」之間指證「小辯」之謬。提倡什麼，反對什麼，蕩然明瞭。

【注釋】

❶射 攻訐；指責。

❷伐 攻擊；攻伐。

❸錯 通「措」。措置。

❹五味 酸、甜、苦、辣、鹹五味。

❺五行 《禮記・鄉飲酒》云：「貴賤明，隆殺辨，和樂而不流，弟長而無遺，安燕而不亂，此五行者，足以正身安國矣。」

【語譯】

說榮耀不如恥辱，不是誠實的言詞，得到不如失去，也不是實話。不前進則後退，不喜悅則有憂傷，不得到則亡失，這是世人的常情。真誠的人擔心將這十種現象混為一談。所謂大辯者，能區別天下的運行，懂得天下事物，選擇善駁退惡。根據時勢，採取合適的措施，就能建功立德了。然而小辯就不是這樣了，言詞怪誕，道德乖離，用言詞互相攻訐，行為互相撻伐，使百姓不知所措，這沒有什麼別的原故，是因為知識淺薄。君子能綜合處理各種事物，選擇運用各種方法，五味未嚐而能在口中分辨，身懷五行而去影響人們，因此，不聽從不合方圓之道，不實行當面聽從而心存疑惑之義，不運用治亂之法。治國治民惔然寬裕，蕩然簡易，簡略而不遺失，精詳微細。

夫舟浮於水，車轉於陸，此自然道也。有不治者，知不豫❶焉。

【說明】

本節文字因襲《淮南子・主術》和《文子・下德》，互有脫誤，伍非百〈鄧析子辯偽〉曾作校正。

《淮南子・主術》云：「德無所立，怨無所長，是釋術而任人心者也。故為治者，智不與焉。夫舟浮於水，車轉於陸，此勢之自然也。」《文子・下德》云：「德無所立，怨無所長，是任道而合人心者也。故為治者，智不與焉。」

伍非百〈鄧析子辯偽〉校作：「夫舟浮於水，車轉於陸，此自然道也。故為治者，知故不豫焉。」

【章旨】

批評那種連「舟浮於水，車轉於陸」這樣的自然常理都不懂的人，借以批評不懂得君王與百姓的關係就是舟楫與水，車駕與大地的關係的人。

【注釋】

❶豫　通「預」。事先有所準備。借指懂得、掌握。

【語譯】

舟船浮於水面，車輛在陸地上轉動，這是自然的道理。有不能治理國家的，是沒有掌握知識的緣故。

夫木擊折轊❶，水戾❷破舟，不怨木石而罪巧拙，智❸故不載焉。故道❹有知則感❺，德有心則嶮，心❻有目則眩。是以規矩一而不易，不為秦楚緩節⑦，不為胡越改容。常一⑧而不邪，方行而不流。一日形⑨之，萬世傳之，無為為之也。

【說明】

本節文字因襲《淮南子・主術》和《文子・下德》，二本互有脫誤。今據伍非百《鄧析子辯偽》一併校正。

《淮南子・主術》云：「木擊折轊（《意林》本作『軸』），水戾破舟，不怨木石而罪巧拙者，知故不載焉（《意林》本作『智有不周』）。是故道有智則感（《子彙》本作『惑』），德有心則險，心有目則眩。兵莫憯於志，莫邪為下。寇莫大於陰陽，而枹鼓為小。今夫權衡規矩，一定而不易，不為秦楚變節，不為胡越改容。常一而不邪，方行而不流。一日刑之，萬世傳之，而以無為為之。」

《文子・下德》云：「水戾破舟，木擊折軸，不怨木石而罪巧拙者，何（《意林》本有『何』字，當據補）也？智不載也。故道有知則亂，德有心則險，心有目則眩。

夫權衡規矩，一定而不易，常一而不衰，方行而不留，一日形之，萬世傳之，無為之。為人之言曰：國有亡主，世無亡道。人有窮而理無不通。故無為者，道之宗也。得道之宗，並應無窮。」

【章　旨】

通過車船因被木石碰撞而受損傷，人們卻並不埋怨木石而怪罪那些推車、行舟之人技巧笨拙的事例，從正反兩個方面說明應當「規矩一而不易」，要「常一而不邪，方行而不流」，而且，一旦樹為典型、規範，就應成為「祖制」，傳之萬世，不事更張。

【注　釋】

❶轊　車軸的軸端。

❷**戾** 猛烈。

❸**智** 此字底本原無，考《淮南子・主術》、《文子・下德》、伍非百〈鄧析子辯偽〉均有「智」字，依諸本予以增補。

❹**道** 此字底本原無，考《淮南子・主術》、《文子・下德》、伍非百〈鄧析子辯偽〉均有「道」字。「道有知則惑」則文意暢達，無復梗阻之感矣，據補。

❺**感** 《子彙》本作「惑」。考之與此句相對應之二句「德有心則嶮，心有目則眩」，「感」與「險」、「眩」無法對應，而「惑」正對應妥貼，似當據改。

❻**心** 此字底本原無，考《淮南子・主術》、《文子・下德》、伍非百〈鄧析子辯偽〉諸本均作「心有目則眩」，文意暢達，據補。

❼**緩節** 謂改變節操。《淮南子・主術》作「變節」，伍非百〈鄧析子辯偽〉亦主改為「變節」。「變節」正可與下句「不為胡越改容」之「改容」相對，文妥字貼，當據改。

❽**常一** 謂永恆不變。底本原無「常」字，對照本句與下句「方行而不流」，可知本句亦當為五字句。考《淮南子・主術》、《文子・下德》、伍非百〈鄧析子辯偽〉均作「常一而不邪」，為五字句，「常一」與「方行」正兩相對應，據補。

❾**形** 典型；規範。

【語譯】

被木頭撞斷車軸軸端，在激流中被石頭撞破舟船，不能埋怨木頭、石頭，只能怪罪推車、行舟的人技巧笨拙，為什麼不埋怨木石，因為木石是沒有巧拙的。「道」中帶有智巧則陷入迷惑，「德」中夾有私念則危險，「心」中有壞點子則迷亂。因此，規矩統一就不再更易，不因為秦國、楚國而變節，也不因為胡、越二族而改容。長恆守一而不偏邪，方正直行而不流俗。一旦形成規範，萬世相傳，以「無為」之道為行為規範。

夫自見之❶明，借人見之闇❷也。自聞之聽❸，借人聞之聾也。明君知此，則去就之分定矣。為君者❹，當若冬日之陽，夏日之陰，萬物自歸，莫之使也❺。恬臥而功自成，優游而政自治。豈在振目搤腕❻，手據❼鞭朴❽而後為治歟？

【章旨】

強調自見則明，自聞則聰，聖明的君主應當如冬日之陽，夏日之陰，惠澤及民，則萬民自來，功業自成，國政自治。治國平天下，豈是靠瞋目扼腕，手操鞭撲而能得的嗎？

【注釋】

❶之　《意林》引、馬敘倫《鄧析子校錄》二本均作「則」。以下二句同。作「則」，三句文意暢然無礙，當據改。

❷闇　昏暗。與「明」相對。

❸聽　馬敘倫《鄧析子校錄》、伍非百〈鄧析子辯偽〉俱作「聽」，當據改。以與首句「明」呼

應。

❹**者** 此字底本原無，據《昭明文選・褚淵碑》注及《太平御覽》卷四、卷六二〇引補。

❺**當若冬日之陽四句** 馬敘倫《鄧析子校錄》云：「《周書・大聚解》曰：『譬之若冬日之陽，夏日之陰，不召而自來，此謂歸德。』」謂為君者，應當如冬陽夏陰一般，使萬民自然歸附。

❻**振目搤腕** 振，《淮南子・主術》、馬敘倫《鄧析子校錄》俱作「瞋」，當據改。瞋目，睜大眼睛。指憤怒的樣子。搤，通「扼」。扼腕，以手握腕，謂情緒激動或惋惜。

❼**據** 《太平御覽》卷二七、馬敘倫《鄧析子校錄》、伍非百〈鄧析子辯偽〉均作「操」，當據改。

❽**鞭朴** 「朴」疑當為「扑」之誤。鞭扑，謂君王執鞭責打臣下。意謂責備、懲罰臣下。

【語譯】

親眼去看，可以看得明白，借他人的眼睛會受蒙蔽。親耳去聽，可以聽得清楚，借他人的耳朵會變耳聾。聖明的君主懂得這點，則去就之間就有分際定奪了。作為君王，當如冬日的暖陽、夏日的陰涼，萬物百姓自然歸趨，用不著去召喚。恬然安臥自然成功，優游而國政自得治理。難道瞋目扼腕，執鞭責打臣下百姓，然後就可得而治嗎？

夫合事有不合者❶，知與未知也。合而不結者，陽親而陰疏❷。故遠而親者，忘❸相應也。近而疏者，忘不合也。就而不用者，策不得也。去而反求者，無違行也。近而不御❹者，心相乖也。遠而相思者，合其謀也。故明君擇人，不可不審。士之進趣❺，亦不可不詳。

【說明】

本節文字因襲《鬼谷子・內揵》。其文云：「君臣上下之事，有遠而親，近而疏，就之不用，去之反求，日進前而不御，遙聞聲而相思。事皆有內揵，素結本始。或結以道德，或結以黨友，或結以財貨，或結以采色。用其意，欲入則入，欲出則出，欲親則親，欲疏則疏，欲就則就，欲去則去，欲求則求，欲思則思，若蚨母之從其子也。出無間，入無朕，獨往獨來，莫之能止。內者進說辭，揵者揵所謀也。故遠而親者，有陰德也。近而疏者，志不合也。就而不用者，策不得也。去而反求者，事中來也。日進前而不御者，施不合也。遙聞聲而相思者，合於謀，待決事也。」

【章　旨】

著重闡述志趣、謀略、思想是否契合在明君擇人、士子進趣中所起的重要作用，告誡應當通過對這三方面的審慎衡量，明君審慎擇才而用，士子亦應思慮周詳，然後再圖進趣。

【注 釋】

❶**夫合事有不合者** 馬敘倫《鄧析子校錄》引清儒孫詒讓語云：「此章亦見《鬼谷子・內揵》，彼作『事有不合者，有所未知也』。疑此文本作『事有合不合者』。」以意逆之，此句似當作「夫事有合有不合者」。

❷**陽親而陰疎** 謂表面上很了解，而實際上卻並不很了解。陽，表面上。陰，實際上。親，親近；接近。引申為了解。疎，疏遠；有距離。謂與「了解」尚有相當差距。

❸**忘** 《昭明文選》卷二十四〈贈白馬王彪〉詩注引、馬敘倫《鄧析子校錄》、伍非百〈鄧析子辯偽〉均作「志」，《鬼谷子・內揵》亦作「志」，當據改。其下「近而疏者，忘不合也」句之「忘」，前述各本亦均作「志」，亦當據改。

❹**御** 使用；任用。

❺**進趣** 晉身進取。

【語　譯】

商議事情，有時意見相合，有時不合，這是因為彼此之間的相知與不相知。應當意見相合卻沒有結果的，是因為表面上親近，實際疏遠。因此，相距遙遠而親密的，是志趣相應。近在身邊而疏遠的，是志趣不合。趨就而未被採用，是策略不對。離去而被徵求，是行為沒有違逆。接近而未被任用，是心思乖違。遙遠而思念，是謀略相合。所以，聖明的君主擇用人才，不可不審慎。士人進取，也不可不思慮周詳。

轉辭

【題解】

〈轉辭〉，今本《鄧析子》之第二篇，共分十七章。

何謂「轉辭」呢？與〈無厚〉一樣，本篇也在首章率先進行闡述：「世間悲哀喜樂，嗔怒憂愁，久惑於此，今轉之：在己為哀，在他為悲。在己為樂，在他為喜……相去千里也。」所謂轉辭，即換個角度，換個位置來看待、審視，得出不同的結論，甚而兩者南轅北轍，相去千里。此點甚為重要，再與相傳鄧析「操兩可之說，設無窮之辭」相聯繫，鄧析這位晚周諸子名家辯者的形象便漸漸鮮明起來了。今本《鄧析子・

轉辭》首章雖然多少還有一點「轉辭」的意蘊，但其他章與此無甚關涉者也頗多，如「非所宜言勿言，以避其愆。非所宜為勿為，以避其危。非所宜取勿取，以避其咎。非所宜爭勿爭，以避其聲……故惡言不出口，苟語不留耳。此謂君子也」。活脫脫一個謹言慎行，膽小怕事的精神小矮人，與那種敢言敢辯，敢把是說成非，敢把非說成是的大無畏的辯者形象相去千里。在〈轉辭〉中許多章的章旨與此「轉辭」無甚關係，也就是說，「轉辭」這一概念作為篇名實際上無法涵蓋全篇文旨。因此，有不少學者指其亦為偽作，如伍非百在〈鄧析子辯偽〉中認為今本《鄧析子》之〈轉辭〉是作偽者依題作訓的自造之文，雜糅《淮南子》、《文子》諸文拼湊而成。這一點也是讀者在閱讀本篇時應當予以措意的。

〈轉辭〉，一般認為題真而文偽，這一點也與〈無厚〉一樣。其思想也沒有什麼體系，頗為雜亂，前後章大都各自獨立，沒有什麼思想觀念或邏輯上的聯繫。但獨立來看，一些章還是閃爍著一些燦爛的思想光芒的，如「聖人以死，大盜不起」，「聖人不死，大盜不止」，雖然此章文字乃因襲《莊子・胠篋》而來，是典型的「假文」，但敢以精神上至高無上的聖人與十惡不赦的大盜之間存在著的相互關係立論，是頗有名家善辯、敢辯的風采的，是有其思想的光輝的。又如「無形者，有形之本。無聲者，有聲之母」，「心欲安靜，慮欲深遠。心安靜則神策生，慮深遠則計謀成。」在〈轉辭〉中這樣的警句短語還有不少。

世間悲哀喜樂，嗔怒憂愁，久惑於此，今轉之❶：在己為哀，在他為悲。在己為樂，在他為喜。在己為嗔，在他為怒。在己為愁，在他為憂。在己❷若扶之與攜❸，謝之與議❹，故之與右❺，諾之與已，相去千里也。

【說明】

本章為〈轉辭〉首章。伍非百〈鄧析子辯偽〉指其為「作偽者自造之文，依題作訓」，雜糅《淮南子》、《文子》之文湊合而成，恰與鄧析子「轉辭」意旨相乖背。今錄《淮南子》、《文子》原文如下：

相去千里。」

《淮南子·說林》：「扶之與提，謝之與讓，故之與先，諾之與已也，之與矣，相去千里。」

《文子·上德》：「扶之與提，謝之與讓，得之與失，諾之與已，相去千里。」

【章　旨】

通過對悲哀喜樂、嗔怒憂愁在己在他之區別的剖析，層層深入，表明有的雖義近意似，有的卻相去千里，應當仔細分辨。借以闡發轉辭之義。

【注　釋】

❶今轉之　意謂現在換個角度將它們分別清楚。轉，轉換；換一個角度；換一種說法。

❷在已　「已」當作「己」。「在己」當為涉上文「在己」、「在他」排句句例誤衍，當刪。

❸扶之與攜　《淮南子·說林》、《文子·上德》均作「扶之與提」。俞樾《諸子平議補錄》云：

「唯提與攜，義本相近。」不必校改。攜，攜貳；叛離。

❹謝之與議　《淮南子．說林》、《文子．上德》均作「謝之與讓」，當據改。謝，感謝。讓，責備。

❺故之與右　《文子．上德》作「得之與失」。馬敘倫《鄧析子校錄》引清儒洪頤煊語云：「右當作古……古猶先也。」《淮南子．說林》作「故之與先」。伍非百〈鄧析子辯偽〉引俞樾《諸子平議》云：「故之與先，當作『得之與失』。草書得故相似，隸書先失相近，皆形近而誤，可據《文子》校正。」俞說信然，當據改。

【語　譯】

世間的悲哀喜樂、嗔怒憂愁，人們受它們的困惑由來已久了，現在換個角度來看看：在自己是哀痛，在他人是悲傷。在自己是快樂，在他人是喜悅。在自己是嗔怒，在他人是憤怒。在自己是愁悶，在他人是憂愁。像是扶助和叛離，感謝和責備，得到和失去，承諾和不許，相距千里。

夫言之術，與智者言依於博❶；與博者言依於辯❷；與辯者言依於安❸；與貴者言依於勢❹；與富者言依於豪❺；與貧者言依於利；與賤者言依於謙❻；與勇者言依於敢❼；與愚者言依於說❽。此言之術也。

【說明】

本節文字因襲《鬼谷子・權》。《鬼谷子・權》原文如下：「故與智者言依於博，與拙者言依於辨，與辨者言依於要，與貴者言依於勢，與富者言依於高，與貧者言依於利，與賤者言依於謙，與勇者言依於敢，與過者言依於銳，此其術也。」與本節文字互有脫誤，可以互證。

【章　旨】

闡述言說、談話應當根據不同的談話對象採取不同的談話方法，或與言博，或與言辯，……言豪，言利，言謙，言敢。一旦掌握這種方法，在人際交往中能應付自如。

【注　釋】

❶與智者言依於博　謂與有智慧的人交談，應向淵博方面的話題靠攏。亦即應盡量圍繞淵博的話題進行交談。依，依靠；靠攏。引申為圍繞。其下各句句式相同。

❷辯　思辯。

❸安　《鬼谷子・權》作「要」。馬敘倫《鄧析子校錄》正作「要」，當據改。要，重要；綱要。

❹勢　權勢；威勢。

❺**豪**　豪奢；豪闊的氣派。

❻**與賤者言依於謙**　底本原無此句，據《鬼谷子・權》補。謙，謙恭。

❼**敢**　勇敢；果敢。

❽**說**　同「悅」。喜悅；快樂。

【語譯】

談話的技術，與有智慧的人談論，依憑淵博；與淵博的人談論，依憑思辯；與善辯的人談論，依憑重點；與高貴的人談論，依憑權勢；與富裕的人談論，依憑豪闊；與貧窮的人談論，依憑利益；與低賤的人談論，依憑謙恭；與勇敢的人談論，依憑勇敢；與愚昧的人談論，依憑喜悅。這是談話的技術。

不用❶在早圖，不窮在早稼❷。非所宜言勿言，以避其愆❸。非所宜為勿為，以避其危。非所宜取勿取，以避其咎❹。非所宜爭勿爭，以避其聲。一聲而非，駟馬勿追。一言而急，駟馬不及❺。故惡言不出口，苟語不留耳❻。此謂君子也。

【章旨】

從「一聲而非，駟馬勿追。一言而急，駟馬不及」的社會現象入手，論述人言之不可不慎。因此，君子應當在言、為、取、爭諸方面審慎從事，非所宜勿言，勿為，勿取，勿爭。以避忿、咎，以避危、聲。不出惡言，不入苟語。

【注釋】

❶用　馬敘倫《鄧析子校錄》疑為「困」字。作「困」解，既與下文「窮」相呼應，亦與「早圖」、「早稼」理順。疑當作「困」。困，困頓；困厄。

❷**稼**　播種和收穫莊稼。

❸**以避其愆**　底本原無此句，馬敘倫《鄧析子校錄》引清儒錢熙祚語云：「『非所宜言勿言』句下當有『以□其□』一句。」從本章其後各句句式看，此處確脫一句。伍非百〈鄧析子辯偽〉云：「疑當增『以避其愆』四字。」信然，據補。愆，罪咎；過失。

❹**咎**　過錯。

❺**一聲而非四句**　《意林》、《昭明文選》卷六〇〈齊竟陵文宣王行狀〉注、《藝文類聚》卷一九、《太平御覽》卷三九〇引均作「一言而非，駟馬不能追；一言而急，駟馬不能及」。「一聲」猶云「一言」。謂以駟馬之速度不能追及人之一言。極言人之言論不可不慎。諺云：一言興邦，一言覆國。信然也。

❻**苟語不留耳**　《藝文類聚》卷一九作「苛聲不入耳」。苟語，不講原則，隨便附和他人意見的言詞。

【語　譯】

要不受困，在早作企圖，要不受貧乏，在早事稼穡。不適宜講的不講，避免罪咎。不適宜做的不做，避免危險。不適宜取的不取，避免過錯。不適宜爭的不爭，避免指責。一聲批評，駟馬難追。一言激論，駟馬追不及。因此，不口出惡言，苟且之詞不留心中。這才是君子。

夫任臣之法，闇則不任❶也，慧則不從❷也，仁則不親❸也，勇則不近也，信則不信❹也。不以人用人❺，故謂之神。怒出於不怒，為出於不為❻。視於無有，則得其所見。聽於無聲，則得其所聞。故無形者，有形之本。無聲者，有聲之母❼。循名責實，實之極也。按實定名，名之極也。參以相平，轉而相成。故得之形名。

【章　旨】

論述君王任用臣下的各種情況。從「怒出於不怒，為出於不為」和看到、聽到「無有」、「無聲」背後的所見所聞入手，進行剖析，得出無形為有形之本源，無聲為有聲之母體的結論。

【注　釋】

❶闇則不任　謂君王昏庸懦弱，則任用的臣下往往不是應當任用的人。闇，闇弱；昏庸懦弱。

❷從　盲從。

❸不親　不任人唯親。

❹信則不信　謂君王誠實不欺，則任用臣下亦不失信用，不悔然諾。

❺不以人用人　謂不因有人舉薦而隨意任用臣下，亦不因有人詆毀而任意責罰臣下。

❻怒出於不怒二句　語出《莊子・庚桑楚》。其文云：「出怒不怒，則怒出於不怒矣；出為無為，則為出於無為矣。」謂怒產生於不怒，為產生於不為。

❼視於無有八句　謂能看清隱藏在無有背後的事物，則看到了應當看到的東西。能聽清隱藏在無聲之中的聲響，則聽到了應當聽到的聲響。所謂無形，就是有形的本源。所謂無聲，就是有聲的根源。可見無形、無聲才是根本，有形、有聲只是枝生的東西。

【語譯】

任用臣下的方法，君王昏庸則任用不當任之臣，君王聰慧則任用不盲從王命之臣，君王仁愛則不任人唯親，君王英勇則任用不單單是親近的人，君王誠信則任用不失信用。不因人用人，因此稱之神明。怒產生於不怒，為產生於不為。能看到無形的，則看到了東西。能聽到無聲的，則聽到了聲音。因此，無形是有形的本源。無聲是有聲的根源。依循敘說的情況責求實際，是實際的根本。按照實際決定名義，是名義的根本。互相參照，求得平衡。互相轉換，相輔相成。因此得到了有形與名義的根本。

夫川竭而谷虛，丘夷而淵實❶。聖人以死，大盜不起❷，天下平而無故也❸。聖人不死，大盜不止。何以知其然？為之斗斛❹而量之，則并與斗斛而均之❺。為之權衡❻以平之，則并與權衡而竊之❼。為之符❽璽❾以信之，則并與符璽而功之❿。為之仁義以教之⓫，則并與⓬仁義以⓭竊之。何以知其然？彼竊財者誅，竊國者為諸侯⓮。諸侯之門，仁義存焉⓯。是非竊仁義邪⓰？故遂於大盜⓱，霸諸侯⓲。此重利也盜跖所不可禁者⓳，乃聖人之罪也⓴。

【說　明】

本節文字因襲《莊子・胠篋》。其文云：「夫川竭而谷虛，丘夷而淵實，聖人已死，則大盜不起，天下平而無故矣。聖人不死，大盜不止。雖重聖人而治天下，則是重利盜跖也。為之斗斛以量之，則并與斗斛而竊之。為之權衡以稱之，則并與權衡而竊之。為之符璽以信之，則并與符璽而竊之。為之仁義以矯之，則并與仁義而竊之。何以知其然邪？彼竊鉤者誅，竊國者為諸侯。諸侯之門，而仁義存焉。則是非竊仁義聖知邪，故逐於大盜，揭諸侯，竊仁義并斗斛權衡符璽之利者，雖有軒冕之賞弗能勸，斧鉞之威弗能禁。此重利盜跖而使不可禁者，是乃聖人之過也。」

【章　旨】

運用比興手法，以山丘與淵池比喻聖人和大盜，相對立論，反復證明聖人不死，大盜不止；聖人已死，大盜不起的道理。指出聖人客觀上也給社會帶來弊端，也是聖人的罪過。

【注　釋】

❶夫川竭而谷虛二句　謂如果川水乾涸，那麼谷道就會空虛；如果把山丘削平，那麼深淵也會被填滿。川，兩山之間的河流。竭，盡；乾涸。谷，兩山之間的河道。夷，平；削平。實，填滿。此二句為全章議論、說理起興。作者以為丘與淵是相對而存在的，同樣聖人與大盜也是相對而存在的，所以說聖人已死，大盜不起；聖人不死，大盜不止。

❷聖人以死二句　謂沒有了聖人，也就沒有了大盜。以，已；已經。起，興起；發生。

❸天下平而無故也　天下就太平無事了。「無」字底本原無，《莊子・胠篋》作「天下平而無故也」。以上下文意推之，底本脫一「無」字，據以校補。

❹斗斛　古代量器。斗，口大底小的方形量器。斛，古時以十斗為一斛，南宋時改為五斗一斛。此指用斗斛這樣的量器來稱量物品。

❺并與斗斛而均之　謂連斗斛也一併盜用。與，此字底本原無，《指海》本、《莊子・胠篋》均有「與」字，據以校補。均之，《莊子・胠篋》、《指海》本均作「竊之」。馬敘倫《鄧析子校錄》云：「均，蓋切字之誤。切，又為竊之音誤。」似當校改為「竊之」。

❻權衡　量器、稱器名。權，秤錘；秤砣。衡，秤杆。

❼竊之　謂用斗斛量物，用秤稱物，都是為了公平交易，但有人盜用斗斛、權衡這樣的量器、稱器，或大斗進，小斗出；大秤進，小秤出，以竊私利。或小斗進，大斗出；小秤進，大秤

出，以竊信義，為一己之貪欲或政治資本謀取利益。

❽符　符契，分則為兩片，合則成一體，雙方互執一片以為憑信。

❾璽　印。秦始皇以後專指皇帝使用的印，如御璽、傳國玉璽等。

❿功之　《莊子・胠篋》、《指海》本、《太平御覽》卷六八二引均作「竊之」。馬敘倫《鄧析子校錄》云：「功，亦切字之誤。」俞樾《諸子平議補錄》云：「均之、功之，皆無義，均與功并竊字之誤，俗書竊字或作窃，或誤為均或誤為功。」當據以校改為「竊之」。

⓫教之　《莊子・胠篋》作「矯之」，音近而誤。教之，語意雖通，仍不免勉強，似當據以校改。

⓬與　此字底本原無，《指海》本、《莊子・胠篋》均有「與」字，據以校補。

⓭以　《指海》本、《莊子・胠篋》均作「而」，當據以校改。

⓮彼竊財者誅二句　謂偷了一點小錢的偷盜者要被殺，而偷了整個國家的大盜卻成了諸侯。底本原無「者」字，《莊子・胠篋》、《史記・游俠列傳》均作「彼竊鉤者誅，竊國者為諸侯」，「竊財」之後，據補一「者」字。

⓯仁義存焉　《莊子・胠篋》作「而仁義存焉」。謂那些竊國的諸侯表面上還打著仁義的旗號，倡言仁義之道。

⓰是非竊仁義邪　《莊子・胠篋》作「則是非竊仁義聖知邪」。謂這不是竊取仁義嗎。是，此；

這。

⓱遂於大盜　遂，《莊子・胠篋》作「逐」，形近而誤，當據以校改。謂追隨大盜。

⓲霸諸侯　霸，《莊子・胠篋》作「揭」，似當據以校改。謂被推舉為諸侯。

⓳此重利也盜跖所不可桀者　《莊子・胠篋》無「也」字，「所」作「而使」，「桀」作「禁」字，似均當據以校改。盜跖，《漢書》李奇注說是秦時大盜。《史記・伯夷列傳》正義說是黃帝時大盜。古無定說。在戰國史籍中，《孟子》、《荀子》、《韓非子》、《商君書》等著作均曾提到，《莊子》外篇則專有〈盜跖〉一篇。一般認為可能是春秋末戰國初一位起義領袖。重利盜跖，謂大大地有利於盜跖之流。

⓴乃聖人之罪也　《莊子・胠篋》作「是乃聖人之過也」。

【語譯】

河川乾涸，則河谷空虛，山丘夷平，則淵池填滿。聖人死了，大盜不興起，因此天下就太平。聖人不死，大盜就不停止。何以知道這樣呢？提供斗斛來量度，則連斗斛也一併盜用。提供權衡來稱平，則連權衡也一併盜用。提供符璽當憑信，則連符璽也一併盜用。提供仁義來教化，則連仁義也一併盜用。何以知道這樣呢？那些盜竊錢的人要被誅殺，而盜竊了國家的人卻成了諸侯。竊國的諸侯，倡言仁義。這豈非盜竊仁義嗎？因此追隨大盜，而被推舉為諸侯。這是重利的盜跖之流而無法禁止的事。這是聖人的罪過。

欲之與惡，善之與善❶，四者變之失❷。恭之與儉，敬之與傲，四者失之脩。故善素朴任惔憂而無失未有脩焉❸，此德之永也。言有信而不為信，言有善而不為善者，不可不察也。

【章　旨】

闡述喜歡與厭惡、善良與凶惡，四者失之變和恭敬與儉約、尊敬與傲慢四者失之脩，對所云誠信、善良不可遽信而應細加審察的道理。

【注釋】

❶善之與善　《子彙》本作「善之與惡」，第二個「善」字當改為「惡」字。上句「欲之與惡」之「惡」為好惡之惡，厭惡。

❷四者變之失　下有「四者失之脩」一句。二句文例似當一致。以文意推之，似當以下句文例為是，「變之失」，恐當改為「失之變」。

❸故善素朴任惔憂句　疑「無失」與「未有脩」之間有脫漏。

【語譯】

喜歡與厭惡，善良與凶惡，四者失之於變通。恭敬與儉約，尊敬與傲慢，四者失之於修省。因此為人樸實，肯承擔憂患，沒有過失，注重自身修養，是美德永保的原因。說有信用，但不遵守諾言，說有善行，但並不行善的人，不可不細加審察啊。

夫治之法，莫大於使私不行❶；君之功❷，莫大於使民不爭。今也立法而行私，是私❸與法爭。其亂也，甚於無私❹。立君而尊愚❺，是賢❻與君爭。其亂也，甚於無君。故有道之國，法立❼則私善不行，君立而愚❽者不尊。民一於君，事斷於法，此國之道也。明君之督❾大臣，緣❿身而責名，緣名而責形，緣形而責實。臣懼其重誅之至，於是⓫不敢行其私矣。

【說明】

本章文字前半部分因襲《慎子》。此節文字《藝文類聚》卷五四、《太平御覽》卷六三八俱有稱引。其文云：「法之功莫大使私不行。君之功莫大使民不爭。今立法而行私，是私與法爭。其亂甚於無法。立君而尊賢，是賢與君爭。其亂甚於無君。故有道之國，法立則私善不行，君立則賢者不尊。民一於君，斷於法，國之大道也。」與此《慎子》文對照而言，本章文字脫漏尚有多處，錯訛亦不在少數，需據以校讎文字，理順文意。

【章　旨】

論述治國之道和君王的馭下之術，只要做到民一於君，事斷於法，樹立君王的權威，維護法律的尊嚴，則私不行，民不爭，國泰而民安矣。

【注　釋】

❶莫大於使私不行　「使」字底本原無，馬敘倫《鄧析子校錄》引朱希祖語云：「《慎子・佚文》：

『法之功，莫大使私不行；君之功，莫大使民不爭。』則此『私不行』上當有『使』字。」且下句「莫大於使民不爭」，有「使」字，據補。

❷**君之功** 《藝文類聚》卷五四、《太平御覽》卷六三八引《愼子・佚文》「功」之上有「君之」二字。馬敘倫《鄧析子校錄》、伍非百〈鄧析子辯僞〉俱據以校補，當據以校補。

❸**是私** 二字底本原無，伍非百〈鄧析子辯僞〉「與」之上有「是私」二字，以語意推之，當據以校補。

❹**無私** 《子彙》本、《指海》本、馬敘倫《鄧析子校錄》、伍非百〈鄧析子辯僞〉俱作「無法」，當據以校改。

❺**尊愚** 《太平御覽》卷六三八、《藝文類聚》卷五四引《愼子・佚文》、馬敘倫《鄧析子校錄》、伍非百〈鄧析子辯僞〉俱作「尊賢」，且以文意論之，亦當作「賢」，當據以校改。

❻**是賢** 二字底本原無，《愼子・佚文》「與君爭」之上有「是賢」二字，據補。

❼**法立** 二字底本原無，《藝文類聚》卷五四、《太平御覽》卷六三八引《愼子・佚文》「則私善」之上有「法立」二字，馬敘倫《鄧析子校錄》、伍非百〈鄧析子辯僞〉亦均有此二字，據以校補。

❽**愚** 《藝文類聚》卷五四、《太平御覽》卷六三八引《愼子・佚文》均作「賢」，馬敘倫《鄧

析子校錄》、伍非百〈鄧析子辯偽〉亦均作「賢」，當據以校改。

❾督　督責。

❿緣　根據；依據。

⓫是　此字底本原無，《指海》本、《子彙》本均有「是」字，據補。

【語　譯】

治國方法，莫大於使私利不行；君王的功勞，莫大於使百姓不爭。現在立法而又行私，這是私與法相爭。所造成的混亂，超過了沒有立法。確立君王而又尊賢，這是賢士與君王相爭。所造成的混亂，超過了沒有確立君王。因此，有道之國，法律一旦制定則私利不行，君王一旦確立則賢士不尊。百姓聽命於君王，國事取斷於法律，這是治國之道。聖明君王的督責大臣，根據身分、地位責求名聲，根據名聲責求形跡，根據形跡責求實質。臣下懼怕君王重罰，因而不敢謀取私利。

83 辭轉

心欲安靜，慮欲深遠。心安靜則神策生❶，慮深遠則計謀成。心不欲躁，慮不欲淺。心躁則精神滑，慮淺則百事傾。

【說明】

本節文字因襲《鬼谷子‧本經》，其文云：「實意法螣蛇。實意者，氣之慮也。心欲安靜，慮欲深遠，心安靜，則神明榮。慮深遠，則計謀成。神明榮，則志不可亂。計謀成，則功不可間。」

【章旨】

從正反兩方面論述心欲安靜，慮欲深遠的重要性，不然神滑事傾，一事無成。

【注釋】

❶神策生 《鬼谷子・本經》作「神明榮」。神策，神妙的策略。

【語譯】

心境要安靜，思慮要深遠。心境安靜則易生神妙的策略，思慮深遠則計謀成功。心境要不急躁，思慮要不淺近。心境急躁則精神滑動，思慮淺近則百事傾覆。

治世之禮，簡而易行；亂世之禮，煩而難遵。上古之樂，質而不悲；當今之樂，邪而為淫。上古之民，質而敦朴；今世之民，詐而多行。上古象刑❶而民不犯，教❷有墨劓❸不以為恥，斯民所以亂多治少也。堯❹置敢❺諫之鼓，舜❻立誹謗之木❼，湯❽有司直❾之人，武❿有戒慎⓫之銘⓬。此四君子⓭者，聖人也，而猶若此之勤。至于栗陸氏⓮殺東里子⓯，宿沙氏⓰戮箕文⓱，桀⓲誅龍逢⓳，紂⓴刳比干㉑，此㉒四主㉓者亂君，故其疾賢若仇。是以賢愚之相覺㉔，若百丈之谿與萬仞之山，若九地之下與重天之顛。

【章　旨】

首先論述治世和亂世，上古和今時在禮、樂、民、刑方面的截然不同。再論列堯、舜、湯、武四位聖人與栗陸氏、宿沙氏、桀、紂四位亂君在為政方面的迥然相別。認為兩兩相較，真可謂「若百丈之谿與萬仞之山，若九地之下與重天之顛」，不可同日而語。

【注釋】

❶**象刑** 傳說堯舜時崇尚德治，用改穿不同的衣服冠飾的辦法代替各種刑罰，以示恥辱的象徵性懲處。關於象刑的解釋，自來眾說不一。一說使罪犯不戴冠飾，改穿不同色質的服裝，當作墨、劓、剕、宮、大辟五刑，以示恥辱。一說繪畫罪犯的衣冠，象徵受五刑的情狀，公布於眾，警告人們。《初學記》卷二〇：「《白虎通》：五帝畫像者，其衣服象五刑也。犯墨者蒙巾，犯劓者赭其衣，犯臏者以墨幪其臏處而畫之，犯宮者履雜扉，犯大辟者布衣無領。」一說象天道而定刑法。《漢書・刑法志》：「所謂『象刑惟明』者，言象天道而作刑，安有菲屨赭衣者哉？」

❷**教** 《指海》本作「今」。馬敘倫《鄧析子校錄》云：「『今』字疑當在『有』字上，『教』字疑誤。」伍非百〈鄧析子辯偽〉云：「『教』疑當作『今』。」

❸**墨劓** 指墨刑、劓刑。墨刑，古代五種酷刑之一，刺刻面額，染以黑色，作為懲罰的標記。商周時稱墨刑，秦漢時叫黥刑。劓刑，古代五種酷刑之一，割鼻。

❹**堯** 傳說中父系氏族社會後期部落聯盟領袖陶唐氏。名放勛，史稱唐堯。相傳堯在位時，施

行德政，人民安樂。晚年禪位於舜。一說堯晚年德衰，為舜所囚，帝位也被舜奪去。

❺**敢** 《太平御覽》卷七七、《昭明文選》卷五六〈天監三年策秀才文〉注引及《呂氏春秋‧自知》均作「欲」。

❻**舜** 傳說中父系氏族社會後期部落聯盟領袖。姚姓，有虞氏，名重華，史稱虞舜。相傳舜繼堯位後，晚年亦禪位於治水有功的禹。一說舜晚年被禹放逐，死於南方的蒼梧。

❼**誹謗之木** 相傳舜在交通要道豎立木牌，讓人在木牌上書寫諫言。誹謗木，又稱華表木。誹謗，指背後議論是非，指責過失。與後世之「造謠誣蔑，惡意中傷」義不同。

❽**湯** 即商湯，商朝的開國君主，歷史上又稱武湯、天乙、成湯，或稱成唐、高祖乙。在位期間任用伊尹，積聚力量，先後十一次出征，攻滅葛、韋、顧、昆吾等國。後一舉滅亡夏紂，建立商朝。

❾**司直** 司職直聲，檢舉不法。漢代成為官署，佐助丞相檢舉不法。後世沿置，後魏屬廷尉唐屬大理寺，掌出使推按。宋又在大理寺內分設斷刑和治獄兩種司直。明以後廢止。

❿**武** 即周武王，約於西元前十一世紀誅滅商紂，為西周開國君主。

⓫**戒慎** 警戒自己處事要謹慎。

⓬**銘** 《呂氏春秋‧自知》、《淮南子‧主術》均作「鞀」。鞀，有柄小鼓，似當據改。

⑬子　清儒錢熙祚指其為衍文，恐當刪。

⑭栗陸氏　疑為遠古部落聯盟領袖，為政橫暴。事蹟無考。

⑮東里子　為栗陸氏統治之下之賢士，被栗陸氏殺害。事蹟無考。

⑯宿沙氏　《太平御覽》卷七七及卷四九二引均作「宿沙君」。疑亦為遠古時部落聯盟領袖，略晚於栗陸氏。在位期間為政酷暴。事蹟無考。

⑰箕文　為宿沙氏統治之下之賢士，被宿沙氏殺害。事見《帝王世紀》。

⑱桀　即夏桀，名履癸。為夏朝末代君王，為政殘酷，暴虐荒淫。後為商湯所滅。

⑲龍逢　夏桀統治時期賢士，被夏桀殺害。與商紂時的比干齊名。

⑳紂　即商紂王，亦稱帝辛，為商朝末代君王。在位期間為政暴虐，殺比干、梅伯，囚禁西伯姬昌，後在牧野之戰中因前徒倒戈，兵敗自焚。

㉑刳比干　馬敘倫《鄧析子校錄》、伍非百〈鄧析子辯偽〉「刳」字均作「刳」，似當作「刳」。刳，剖開而挖空。比干，商朝貴族，紂王的叔父，官少師。相傳因屢次勸諫紂王，被紂王剖心而死。

㉒此　此字底本原無，據《太平御覽》卷四九二引補。以與前述「此四君子者，聖人也」之句式相對應。

㉓主 《太平御覽》卷七七、卷四九二引均作「君」。

㉔相覺 《太平御覽》卷七七引作「相較」，語意豁然甚明，當據改。

【語 譯】

治世的禮儀，簡單容易實行；亂世的禮儀，煩雜難以遵循。上古的音樂，質樸而不悲切；當今的音樂，邪惡又淫蕩。上古的百姓，質樸敦厚；今世的百姓，巧詐多變。上古雖僅設有象刑，但百姓並不犯法，今世設立了墨、劓之刑，但反不以為恥，因此百姓亂多治少。堯設置敢進諫的大鼓，舜設立指責批評的表木，商湯有檢舉不法的官吏，周武王有警戒自己的小鼓，這四位君王是聖人啊，尚且如此勤勉。至於栗陸氏誅殺東里子，宿沙氏戮殺箕文，夏桀殺死龍逢，商紂刳剖比干，這四位君王是亂君，所以嫉恨賢士如同仇敵。因此賢愚之相比較，就像是百丈谿谷與萬仞高山，就像是九地之下與重天之顛峰。

明君之御民，若御❶奔而無❷轡，履冰而負重❸。親而疏之，疏而親之。故畏儉則福生❹，驕奢則禍起。聖人逍遙一世之間❺，罕匹❻萬物之形。寂然無鞭朴❼之罰，莫然❽無叱咤❾之聲，而家給人足，天下太平。視昭昭❿，知冥冥⓫。推未運，覩未然。故神而不可見，幽而不可見，此之謂也。

【章旨】

明君治國御民，時時警惕自己要謹慎、持重、謙儉，勿掉以輕心，若御奔而無轡，若履冰而負重。聖人則輕靈、逍遙間已宰匠萬物，既寂然無鞭扑之聲，又默然無叱咤之厲，而已達家給人足，天下太平之化境。說明明君治國與聖人治國之不同。

【注釋】

❶**御** 《藝文類聚》卷九、《太平御覽》卷六八、《昭明文選》卷三〈東京賦〉注及卷四六〈曲水詩序〉注引均作「乘」。

❷**無** 《太平御覽》卷六八引作「去」。

❸**履冰而負重** 《意林》本作「負重而履冰」。謂明君治國小心謹慎，就像身負重物行走在冰面之上，如履薄冰，如臨深淵。

❹**福生** 此謂成就功業，不單單是指產生幸福。

❺**之間** 二字底本原無，《昭明文選》卷二二〈南州桓公九井作〉注、卷三六〈宣德皇后令〉注、〈策秀才文〉注、卷四七〈三國名臣序贊〉注引均有此二字，依下句「之形」、「之罰」、「之聲」文例據補。

❻**罕匹** 《昭明文選》卷二二〈南州桓公九井作〉注、卷三六〈宣德皇后令〉注、〈策秀才文〉注、卷四七〈三國名臣序贊〉注引均作「宰匠」。形近而誤。伍非百〈鄧析子辯偽〉即作「宰匠」，當據改。宰匠，執宰；掌管。

❼鞭朴　朴，當為「扑」字之誤。鞭扑，鞭打。

❽莫然　《指海》本作「漠然」。疑當作「默然」。

❾咒咤　馬敘倫《鄧析子校錄》、伍非百〈鄧析子辯偽〉均作「叱咤」。「咒」為「叱」字之誤，當據改。叱咤，大聲呵斥；怒罵。

❿昭昭　謂明辨事理，對人對事看得清清楚楚。

⓫知冥冥　看得清尚不明朗的事情。其義與下句「覩未然」相近。

【語　譯】

明君統馭百姓，像控馭奔馳而沒有轠轡的馬車，像負重在冰面上行走。親近的人疏遠他，疏遠的人親近他，畏懼而謙儉，則成功業，驕橫奢侈，則起禍端。聖人逍遙於人世間，輕鬆宰執萬物萬民，寂然沒有鞭扑責罰之事，又默然沒有厲聲呵斥之聲，而家家富有，人人滿足，天下太平。察人視事，昭若神明，看得清幽冥不清。推動尚未運轉的事務，洞察未發。因此神明洞悉不可遂見，幽冥洞察不可遂見，說的就是這種情況吧。

君人者❶不能自專而好任下，則智日困而數❷日窮。迫於下則不能申❸，行隨於國則不能持❹。知不足以為治，威不足以行誅，則❺無以與下交矣。故喜而使❻賞，不必當功；怒而使❼誅，不必值罪。不慎喜❽怒，誅賞從其意，而欲委任臣下，故亡國相繼，殺❾君不絕。古人有言：眾口鑠金❿，三人成虎⓫，不可不察也。

【章旨】

論述君王應自持國柄，親掌國政，自主喜怒誅賞。倘將國政一味委任臣下，則不僅智困數窮，還會發生亡國相繼，弒君不絕的嚴重後果。因此，古人「眾口鑠金，三人成虎」之語，不可不加審察啊！

【注釋】

❶君人者　君王；君主。

❷數　命運；氣數。

❸申　申達己意。

❹行隨於國則不能持　行動聽命於臣民的意旨，則不能自持國政。國，謂國中之臣民。

❺則　此字底本原無，馬敘倫《鄧析子校錄》、伍非百〈鄧析子辯偽〉俱有「則」字，據補。

❻使　《意林》本引作「便」。

❼使　馬敘倫《鄧析子校錄》作「便」。

❽喜　馬敘倫《鄧析子校錄》作「嘉」。

❾殺　《指海》本作「弒」，似當據改。

❿眾口鑠金　首見《國語・周語下》。謂眾人一起詆毀，即使金石也要被銷鎔。

⓫三人成虎　此故事首見《戰國策・魏策》。謂有三個人謊報市上有虎，聽者就信以為真。比喻說的人一多，就能使人信以為真。

【語譯】

君王如果不能自己親掌國政而喜歡依賴臣下，則智識日益困窘，氣數日益窘迫。受臣下的脅迫，則不能申達己意，行動聽從臣民則不能自持國柄。智識不足治國，威望不足誅罰，則無法與臣民溝通。因此高興時給予獎賞，不必功績相當；憤怒時給予誅罰，不必罪行相值。不謹慎自己的喜怒，或誅罰或賞賜完全憑任自己的意思，而意欲一味委任臣下，因此國家滅亡接連不斷，弒君犯上連綿不絕。古人說：「眾口鑠金，三人成虎。」不可不細加審察啊。

夫人情發言欲勝❶，舉事欲成。故明者不以其短疾❷人之長，不以其拙病❸人之工。言有善者則❹而賞之，言有非者顯而罰之。塞邪枉❺之路，蕩浮辭❻之端。臣下閔之❼，左右結舌，可謂明君。為善者，君與之賞；為惡者，君與之罰。因其所以來而報之，循其所以進而答之。聖人因之，故能用之，因之循理，故能長久。今之為君者❽，無堯舜之才而慕堯舜之治，故終身❾顛殞❿乎混冥⓫之中，而事不覺⓬於昭明之術，是以虛慕欲治⓭之名，無益亂世之理也。

【章　旨】

論述明君治國要賞善罰惡，堵塞邪枉之路，蕩滌浮辭之端緒，依循聖人的治國之道，切實實行，以取長治久安之效。儻僅僅空慕治世虛名，則無益於亂世之治理。

【注釋】

❶**夫人情發言欲勝** 馬敘倫《鄧析子校錄》引朱希祖之言云：夫人情發言欲勝句，見《鬼谷子・權》，彼作「出言則欲聽」。

❷**疾** 通「嫉」。妒忌。

❸**病** 嫉恨。

❹**則** 伍非百〈鄧析子辯偽〉疑當作「明」。則，準則，猶言以言善為準則。

❺**邪枉** 《指海》本作「枉邪」。謂行為不正當或違法曲斷。邪，歪邪。枉，彎曲。

❻**淫辭** 馬敘倫《鄧析子校錄》引朱希祖言云：譚儀曰當作「淫辟」。伍非百〈鄧析子辯偽〉當作「浮辭」。淫辭，誇大失實之辭。

❼**閔之** 《昭明文選・謝平原內史表》注引《慎子》語作「臣下閉口，左右結舌」。馬敘倫《鄧析子校錄》、伍非百〈鄧析子辯偽〉均作「閉口」，當據改。

❽**君者** 二字底本原無，《子彙》本、《指海》本、馬敘倫《鄧析子校錄》均有「君」字，伍非百〈鄧析子辯偽〉作「君者」，以文意推之，應作「君者」，據補。

❾**身** 此字底本原無，《淮南子．要略》「終」、「顛」間有一「身」字，馬敘倫《鄧析子校錄》亦有此「身」字，據補。

❿**顛殞** 殞，《淮南子．要略》作「頓」，馬敘倫《鄧析子校錄》亦作「頓」。殞、頓，形近而誤，當據改。顛頓，顛沛困頓。

⓫**混冥** 蒙昧混沌，稀里糊塗。

⓬**事不覺** 《淮南子．要略》作「不知覺悟」。馬敘倫《鄧析子校錄》亦作「不知覺寤」，當據改。覺寤，即覺悟；明白。

⓭**治** 《指海》本作「仕」。

【語　譯】

講話想要勝過別人，做事意欲獲成功，是人之常情。因此明智的人，不以自己的短處妒忌別人的長處，不以自己的笨拙嫉恨他人的工巧。以言詞善待他人的人，樹以為典範而予以獎賞，以言詞誹謗他人的人，明明白白地予以懲罰。堵塞邪惡枉曲之言路，蕩滌誇大言詞之端緒。臣下百官閉口不言，左右近侍結舌不語，可稱之為聖明的君王。為善之人，君王給予獎賞；為惡之人，君王給予懲罰。依其來由予以回報，循其進程給予報答。聖人因循這種方法，因此能運用，因循事理，所以國運長久。現在身為君王的人，沒有堯舜之才而欽慕堯舜之大治，因此終究顛沛混沌之中，而不懂得從聖人昭明的治國之術中有所覺悟，所以僅僅虛慕大治之名，是無益於亂世治國之理的。

患生於官成❶，病始❷於少瘳❸，禍生於懈慢❹，孝衰於妻子，察❺此四者，慎終如始也。富必給貧，壯必給老。快情恣欲，必多侈侮。故曰：尊貴無以高人，聰明無以寵❻人，資給❼無以先人，剛勇無以勝人。能履行此，可以為天下君。

【章旨】

從「患生於官成，病始於少瘳，禍生於懈慢，孝衰於妻子」這四種社會現象入手，強調要始終如一，懂得勿因自己尊貴、聰明、富裕、剛勇而盛氣凌人，慎終如始，只有這樣的人可以做天下的共主。

【注釋】

❶患生於官成　《意林》本、《說苑・敬慎》均作「忠怠於宦成」。《韓詩外傳》八作「官怠於有成」，馬敘倫《鄧析子校錄》、伍非百〈鄧析子辯偽〉俱作「忠怠於宦成」，似當據改。又，《文子・符言》與此四句頗相類，疑係出同一來源。其文云：學敗於官茂，孝衰於妻子，患生於憂解，病甚於且瘉。慎終如始，則無敗事。

❷始　《韓詩外傳》八、《說苑・敬慎》俱作「殆」，馬敘倫《鄧析子校錄》引清儒孫詒讓語云：

「始當作殆」。以意推之，當據改。

❸瘳　《韓詩外傳》八、《說苑．敬慎》並作「愈」。瘳，病癒。

❹懈慢　《文子．符言》作「憂解」。伍非百〈鄧析子辯偽〉以為疑當據以校改。《韓詩外傳》八、《說苑．敬慎》作「懈惰」。

❺察　此字底本原無，馬敘倫《鄧析子校錄》引清儒孫詒讓語云：「《韓詩》、《說苑》『四者』上並有『察』字。此亦當有，今依孫說補。」據補。

❻寵　《指海》本、馬敘倫《鄧析子校錄》均作「籠」。

❼資給　資產豐足；富裕。

【語　譯】

忠誠懈怠始於當上了官，疾病始於小癒，禍患生於懈慢，孝心衰退於娶妻生子。考察這四種情形，是要人們慎終如始啊。富裕的必定要接濟貧窮的，青壯的必定要幫助老弱的。快意恣情，不加約束，必定奢侈或輕侮他人，因此說：尊貴沒有什麼可與別人爭高下，聰明沒有什麼可與別人爭尊寵，富裕沒有什麼可與別人爭先後，剛勇沒有什麼可與別人爭勝負，能夠履行這些，可以為天下的君王。

夫謀莫難於必聽，事莫難於必成❶。成必合於數，聽必合於情❷。故抱薪加❸火，爍❹者必❺先燃❻；平地注水，濕者必先濡❼。故曰動之以其類，安有不應者？獨行之術也❽。

【章旨】

計謀沒有比期於必定聽從，謀事沒有比期於必定成功更困難的了。只有合於命數，合於情理，才有可能，就像「抱薪加火，爍者必先燃；平地注水，濕者必先濡」一樣，同類相連，相互呼應。

【注釋】

❶成 一本作「感」。

❷成必合於數二句 二句乃呼應本章開頭兩句，從邏輯順序看，似當以「聽必合於情」在前。疑誤倒。

❸加 《藝文類聚》卷八〇作「薮」。馬敘倫《鄧析子校錄》：「見《新論・感》，作『投』，《北堂書鈔》卷九九引《鬼谷子・摩》作『趨』。」

❹爍 《藝文類聚》卷八〇、《北堂書鈔》卷九九引、馬敘倫《鄧析子校錄》、伍非百〈鄧析子辯偽〉俱作「燥」，當據改。

❺必 《藝文類聚》卷八〇、《北堂書鈔》卷九九引均無此「必」字。

❻燃 《藝文類聚》卷八〇作「著」。

❼平地注水二句 《太平御覽》卷八一一引《尸子》：「平地而注水，水流濕；均薪而施火，火從燥。」《荀子・大略》、《呂氏春秋・應用》並云：「均薪施火，火就燥；平地注水，水流濕。」《春秋繁露・同類相動》亦云：「平地注水，去燥就濕；均薪施火，去濕就燥。」

❽獨行之術也　此句為全章總結，然細玩文意，其邏輯似與前述道理相乖，不能上下溝連，疑此句之前有脫漏。獨行，獨自行路；單獨行動。

【語　譯】

計謀沒有比期於必定聽從更難的了，謀事沒有比期於必定成功更難的了。謀事要期於成功必須合於命數，計謀要期於聽從必須合於情理。因此抱柴薪加入火堆，乾燥的柴薪必定首先燃燒；平地灌水，濕潤的地方必定率先浸透。所以說，觸其同類，哪有不相呼應的？這是獨行的方法啊。

明君立法之後，中程❶者賞，缺繩者誅❷。非❸此之謂，君曰亂君，國曰亡國。

【章 旨】

聖明的君王在確立法律之後，應當依法獎賞遵紀守法者，懲誅違法亂紀者。不然，必定是亂國之君，國家必定趨於滅亡。

【注 釋】

❶**中程** 符合法律規定，謂言行遵守法律規定。程，規程；規章；法式。

❷**缺繩者誅** 伍非百〈鄧析子辯偽〉：「晁公武《郡齋讀書志》曰：『《鄧析》二篇，文字訛缺，或以繩為澠，以巧為功。』按今本『繩』字不誤，或晁氏所見為另一本，否則後人已據晁氏說而改正矣。」

❸**非** 此字底本原無，伍非百〈鄧析子辯偽〉：「『此』字上，舊脫一『非』字。」細玩文意，似當有此「非」字，據補。

【語譯】

聖明的君王在立法之後，符合規章的予以獎勵，違法亂紀的予以懲誅。不是這樣的君王，叫做亂君，不是這樣的國家，叫做亡國。

智者寂❶於是非，故善惡有別。明者寂❷於去就，故進退無類❸。若智不能察是非，明不能審去就，斯非❹虛妄。

【章旨】

智者善於明辨是非，能夠分別善惡；明者善於審慎進退，能夠進退無誤。不然，不辨是非，不明進退，豈非虛妄。

【注　釋】

❶寂　文義頗牽強。伍非百〈鄧析子辯偽〉以為當作「察」，且可與下文「若智不能察是非」相呼應，似當據改。

❷寂　文義亦甚為牽強。伍非百〈鄧析子辯偽〉以為當作「審」，且與下文「明不能審去就」相呼應，似當據改。

❸類　伍非百〈鄧析子辯偽〉以為「類」字有誤，疑當作「纇」，形近而誤。纇，絲上之疙瘩。引申為缺點、差錯、毛病。

❹非　《子彙》本、《指海》本、馬敘倫《鄧析子校錄》、伍非百〈鄧析子辯偽〉俱作「謂」，似當據改。

【語　譯】

聰明的人明辨是非，因此善惡有別。明智的人懂得進退，因此進退無誤。如果聰明的人不能明辨是非，明智的人不能審慎進退，這就稱之為虛妄。

目貴明，耳貴聰，心貴公。以天下之目視，則無不見；以天下之耳聽，則無不聞；以天下之智慮，則無不知。得此三術，則存於不為也。

【說明】

「目貴明」九句語出《鬼谷子・符言》。其言云：「目貴明，耳貴聰，心貴智。以天下之目視者，則無不見；以天下之耳聽者，則無不聞；以天下之心慮者，則無不知。」

【章　旨】

從眼目貴乎明，耳朵貴乎聰，心智貴乎公入手，論述要懂得運用天下人之眼目去觀察，天下人之耳朵去傾聽，天下人之心智去評判，即便不為亦足存世了。

【語　譯】

眼睛貴乎明亮，耳朵貴乎靈敏，心胸貴乎公正。以天下人的眼睛來觀察，則沒有什麼看不清的；以天下人的耳朵來傾聽，則沒有什麼是聽不到的；以天下人的智慧來思慮，則沒有什麼是想不透的。得到了這三種方法，則即使無所作為也足以自存於世了。

輯佚

據嚴可均《鐵橋漫稿》所論，《太平御覽》卷八〇、《符子》有《鄧析子》佚文一則。

古詩云：堯舜至聖，身如脯臘；桀紂無道，肌膚二尺。

附錄

今本《鄧析子》基本上是偽作，已為許多學者指證。那麼真正的鄧析學說和鄧析史實又是怎樣的呢？綜合自《左傳》、《荀子》、《列子》、《說苑》、《呂氏春秋》諸典籍輯得有關鄧析學說和史實的資料數則，臚列於後，以供參考。

鄭駟歂殺鄧析，而用其「竹刑」。

——《左傳．定公九年》

山淵平，天地比，齊秦襲，入乎耳，出乎口，鉤有須，卵有毛，是說之難持者也，而惠施、鄧析能之。然而君子不貴者，非禮義之中也。

——《荀子．不苟》

不恤是非，然不然之情，以相薦撙，以相恥怍，君子不若惠施、鄧析。

——《荀子．儒效》

不法先王，不是禮義，而好治怪說，玩奇辭，甚察而不惠，辯而無用，多事而寡功，不可以為治綱紀。然而其持之有故，其言之成理，足以欺惑愚眾，是惠施、鄧析也。

——《荀子．非十二子》

子產誅鄧析、史付。

——《荀子．宥坐》

鄭之圃澤多賢，東里多才。圃澤之役，有伯豐子者，行過東里，遇鄧析。鄧析顧其徒而笑曰：「為若舞，彼來者奚若？」其徒曰：「所願知也。」鄧析謂伯豐子曰：「汝知養養之義乎？受人養而不能自養者，犬豕之類也。養物而物為我用者，人之力也。使汝之徒食而飽，衣而息，執政之功也。長幼群聚，而為牢藉庖廚之物，奚異犬豕之類乎？」伯豐子不應。伯豐子之從者，越次而進曰：「大夫不聞齊魯之多機乎？有善治土木者，有善治金革者，有善治聲樂者，有善治書數者，有善治軍旅者，有善治宗廟者，群才備也。而無相位者，無能相使者。而位之者無知，使之者無能，而知之與能，為之使焉。執政者，迺吾之所使，子奚矜焉？」鄧析無以應，目其徒而退。

——《列子．仲尼》

鄧析操兩可之說，設無窮之辭，當子產執政，作竹刑，鄭國用之。數難子產之治，子產屈之。子產執而戮之，俄而誅之。然則子產非能用竹刑，不得不用。鄧析非能屈子產，不得不屈。子產非能誅鄧析，不得不誅也。可以生而生，天福也。可以死而死，天福也。可以生而不生，天罰也。可以死而不死，天罰也。可以生，可以死，得生得死有矣。不可以生，不可以死，或死或生有矣。然而生生死死，非物非我，皆命也。智之所無奈何。

——《列子．力命》

子產相鄭，專國之政三年，善者服其化，惡者畏其禁，鄭國以治，諸侯憚之。而有兄曰公孫朝，有弟曰公孫穆。朝好酒，穆好色。朝之室也，聚酒千鍾，積麴成封，望門百步，糟漿之氣逆於人鼻。方其荒於酒也，不知世道之安危，人理之悔吝，室內之有亡，九族之親疏，存亡之哀樂也。雖水火兵刃交於前，弗知也。穆之後庭，比房數十，皆擇稚齒婑媠者以盈之。方其耽於色也，屏親昵，絕交游，逃於後庭，以晝足夜；三月一出，意猶未愜。鄉有處子之娥姣者，必賄而招之，媒而挑之，弗獲而後已。

子產日夜以為戚，密造鄧析而謀之曰：「僑聞治身以及家，治家以及國，此言自於近至於遠也。僑為國則治矣，而家則亂矣！其道逆邪？將奚方以救二子？子其詔之！」鄧析曰：「吾怪之久矣！未敢先言。子奚不時其治也，喻以性命之重，誘以禮義之尊乎？」子產用鄧析之言，因間以謁其兄弟而告之曰：「人之所以貴於禽獸者智慮，智慮之所將者禮義。禮義成，則名位至矣。若觸情而動，耽於嗜欲，則性命危矣。子納僑之言，則朝自悔而夕食祿矣。」朝、穆曰：「吾知之久矣，擇之亦久矣，豈待若言而後識之哉！凡生之難遇，而死之易及，以難遇之生，俟易及之死，可孰念哉？而欲尊禮義以夸人，矯情性以招名，吾以此為弗若死矣。為欲盡一生之歡，窮當年之樂，唯患腹溢而不得恣口之飲，力憊而不得肆情於色；不遑憂名聲之醜，性命之危也。且若以治國之能夸物，欲以說辭亂我之心，榮祿喜我之意，不亦鄙而可憐哉！我又欲與若別之。夫善治外者，物未必治，而身交苦；善治內者，物未必亂，而性交逸。以若之治外，其法可暫行於一國，未合於人心；以我之治內，可推之於天下，君臣之道息矣。吾常欲以此術而喻之，若反以彼術而教我哉？」子產忙然無以應之。他日以告鄧析。鄧析曰：「子與真人居而不知也。孰謂子智者乎？鄭國之治偶耳，非子之功也。」

——《列子・楊朱》

子產殺鄧析以威侈。

——《說苑．指武》

衛有五丈夫俱負缶而入井，灌韭，終日一區。鄧析過，下車，為教之曰：「為機重其後，輕其前，命曰橋，終日灌韭百區，不倦。」五丈夫曰：「吾師言曰『有機知之巧，必有機知之敗。』我非不知也，不欲為也。子其往矣。我一心溉之，不知改已。」鄧析去，行數十里，顏色不悅懌，自病。弟子曰：「是何人也？而恨我君，請為君殺之。」鄧析曰：「釋之。是所謂真人者也。可令守國。」

——《說苑．反質》

鄭國多相縣以書者，子產令無縣書，鄧析致之。子產令無致書，鄧析倚之。令無窮，則鄧析應之亦無窮矣。是可不可無辨也。可不可無辨，而以賞罰，其罰愈疾，其亂愈疾，此為國之禁也。故辨而不當理，則偽。知而不當理，則詐。詐偽之民，先王之所誅也。理也者，是非之宗也。

——《呂氏春秋．離謂》

洧水甚大，鄭之富人有溺者，人得其死者，富人請贖之，其人求金甚多，以告鄧析。鄧析曰：「安之，人必莫之賣矣。」得死者患之，以告鄧析。鄧析又答之曰：「安之，此必無所更買矣。」夫傷忠臣者，有似於此也。夫無功不得民，則以其無功不得民傷之。有功得民，則又以其有功得民傷之。人主之無度者，無以知此，豈不悲哉！比干、萇弘以此死，箕子、商容以此窮，周公、召公以此疑，范蠡、子胥以此流，死生存亡安危，從此生矣。

子產治鄭，鄧析務難之。與民之有獄者約：大獄一衣，小獄襦袴。民之獻衣襦袴而學訟者，不可勝數。以非為是，以是為非，是非無度，而可與不可日變。所欲勝因勝，所欲罪因罪。鄭國大亂，民口讙譁。子產患之，於是殺鄧析而戮之，民心乃服，是非乃定，法律乃行。今世之人，多欲治其國，而莫之誅鄧析之類，此所以欲治而愈亂也。

——《呂氏春秋·離謂》

鄧析者，鄭人也，好刑名，操兩可之說，設無窮之辭，當子產之世，數難子產為政。記或云：子產執而戮之。於《春秋左氏傳》昭公二十年而子產卒，子太叔嗣為政。定公八年，太叔卒，駟歂嗣為政。明年，乃殺鄧析而用其竹刑。君子謂子然於是乎不忠。苟有可以加於國家，棄其邪可也。〈靜女〉之三章，取彤管焉。竿旄何以告之？取其忠也。故用其道不棄其人。《詩》之「蔽芾甘棠，勿翦勿伐，召伯所茇」，思其人猶愛其樹也，況用其道不恤其人乎？子然無以勸能矣。竹刑，簡法也。久遠，世無其書。子產卒後二十年而鄧析死。傳說或稱子產誅鄧析，非也。其論無厚者言之異同，與公孫龍同類。

——劉向〈鄧析子敘錄〉

◎新譯尹文子

徐忠良／注譯　黃俊郎／校閱

本書是戰國時齊國稷下學宮道家黃老學派學者尹文子及其學派的語錄體著作，大抵是經過其弟子的整理而編成的。這部篇幅並不算長的古代文獻，意豐而文簡理富，聚百家而治之，合萬流而一之，折衷群說，兼攬眾長，實為一部整齊博贍之書。

◎新譯淮南子

熊禮匯／注譯　侯迺慧／校閱

《淮南子》在思想上可說是秦漢黃老道學的集大成者，在文學成就上，也被視為西漢前期散文之代表作，寫作手法精彩紛呈。除可提供今人認識西漢初年政治、社會、思想的真實面外，對於千百年來不變的人性，書中所寫治馭應對之術，還是可以隨讀者的巧思，轉化應用於現代。

◎新譯管子讀本

湯孝純／注譯　李振興／校閱

《管子》可謂一部百科全書式的學術著作，大凡政治、經濟、軍事、哲學、教育和自然科學等思想，無不包容。但因此書內容紛繁複雜，加上詞義古奧，簡篇錯亂，因而歷來號稱為難讀之書。本注譯本集歷代學者研究之精華，以及近代學者之成就，注釋淺明，翻譯通暢，讓一般讀者也能輕鬆閱讀這本難得的好書。

國家圖書館出版品預行編目資料

新譯鄧析子／徐忠良注譯;劉福增校閱.——二版一刷.——臺北市：三民，2022
面；　公分.——(古籍今注新譯叢書)

ISBN 978-957-14-7474-8 （平裝）
1. 鄧析子 2. 注釋

121.511　　111009303

古籍今注新譯叢書
新譯鄧析子

注譯者　徐忠良
校閱者　劉福增

發行人　劉振強
出版者　三民書局股份有限公司
地址　臺北市復興北路 386 號 (復北門市)
臺北市重慶南路一段 61 號 (重南門市)
電話　(02)25006600
網址　三民網路書店 https://www.sanmin.com.tw

出版日期　初版一刷 1997 年 9 月
二版一刷 2022 年 7 月
書籍編號　S031210
ISBN　978-957-14-7474-8

三民書局